**Learn German With Storie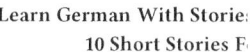
10 Short Stories F**

2nd editi

© 2019, LearnOutLive.com

All text & illustrations by André Klein, except cover art: *Dresden Augustusbrücke Altstadt 1900 (Public Domain)*

First published on March 12^h, 2018

ISBN-13: 978-1986267625
ISBN-10: 1986267628

learnoutlive.com

Table of Contents

Introduction

In this sequel to "Zurück in Zürich", Dino lands a promising new office job in Dresden with stable pay and promotion opportunities, but it's only so long before corporate implications force him to make a tough decision.

While the stunning architecture and baroque allure of the capital of the Free State of Saxony seem like a fairytale at first, Dino soon meets some of its disgruntled citizens and starts investigating the roots of their rage.

Explore Dresden, learn about local culture, history and improve your German effortlessly along the way!

~

This book is designed to help beginners make the leap from studying isolated words and phrases to reading (and enjoying) German fiction.

Using simplified sentence structures and a very basic vocabulary you can build upon, this set of 10 connected German short stories is carefully crafted to allow even novice learners to fully immerse themselves in an authentic German language experience.

Each chapter comes with a complete German-English dictionary, with special emphasis on common phrases, idioms and expressions designed for improved memorization.

By working with these building blocks instead of just single words, learners can accelerate their understanding and active usage of new material and make the learning process more fluid and fun.

For further practice we also provide free digital flashcards (link included at the end of this book), which can be used to increase memorization via the 'spaced repetition' method or printed out as word lists to serve as a handy reference while reading.

Viel Spaß beim Lesen und Lernen!

– André Klein

TIP: *Boost your comprehension skills by listening to the official audiobook, narrated by the author.*

Get it on Audible, Apple Books, Google Play, as MP3 or on Compact Disc. For more information visit:
learnoutlive.com/dresden-audio

How To Read This Book

Before we start, we should acknowledge that there will be many unknown words in the following stories and that there are, in fact, various ways to deal with this very common problem for language learners of all ages and stages.

1. If you want to get the most out these stories, you'll have to establish some kind of *Lesefluss* (reading flow). You might be reading quickly or slowly, it doesn't matter — as long as you keep on reading and allow context and continuity to clear your questions.

2. Furthermore, important or difficult words (and short phrases) are appended to each chapter with an English translation for quick look-ups.

4. In addition to that we recommend using a good German-English online dictionary (such as dict.cc or dict.leo.org) on your computer or mobile device while reading the following stories.

1. „Twittern kann jeder"

★☆☆☆☆ *Goldener Bambus* - „**Schrecklich**er Service und viel zu **teuer**! Mein *Bami-Goreng* war **lauwarm** und die **Nudeln labbrig**. Der **Orangensaft** hatte einen **Nachgeschmack** von **Toilettenreiniger**. **Nicht mal** einen **Stern wert!!1**"

~

Mein Chef sagt, eine gute **Bewertung** muss **kurz**, **prägnant** und **persönlich** sein. Sie **darf nicht zu** viel sagen, aber auch nicht **zu wenig. Am Wichtigsten ist**, dass sie **Emotionen** transportiert.

„**Twittern kann jeder**", sagt er immer. „Aber eine gute **Rezension** zu schreiben ist nicht **leichter als** ein **Elisabethanisch**es Sonett oder ein **persisch**es **Ghasel** zu **verfassen**."

Er **spricht immer von** „guten Rezensionen", aber **eigentlich** schreiben wir **fast nur schlechte. Jeden Morgen bekomme** ich eine neue Liste von Restaurants in Bremerhaven, Hotels in Lüneburg, **Ferienwohnungen** in Rostock, **usw.**

Ich **verdiene** fünfzig Cent pro Rezension. Das ist nicht viel, aber ich schreibe jeden Tag **zwischen** zwanzig und fünfzig **davon.** Mein Chef sagt, Rezensionen in Spanisch und Englisch sind **noch viel weniger** wert, **weil** Klickfarmen in Indien, China und den Philippinen **den Markt überschwemmen.** Aber die deutsche Sprache ist **angeblich** immer noch **zu kompliziert** für **automatische** Übersetzungen. Und **deshalb** schreiben wir sie selbst.

Die meisten meiner Kollegen sind nicht **Mutter-**

sprachler, **genau wie ich.** Aber **das macht nichts,** denn ein paar **Fehler** — so sagt mein Chef — sind das **Salz** in der **Suppe.**

Wir arbeiten in einem **Großraumbüro** in einem grauen, **vierstöckig**en **Gebäude** in einem Dresdner **Industriegebiet,** ich und ca. 30 andere **Mitarbeiter.**

Mein Bruder Alfredo **hat mir diesen Job verschafft.** Er sagt, **jetzt, wo** Loretta **schwanger** ist, und er **bald** Vater **wird, ist es Zeit,** dass ich lerne, **auf eigenen Beinen zu stehen.**

Der Job ist **ziemlich anstrengend,** aber **zumindest** kann ich so mein **geschriebene**s Deutsch **verbessern.** Ich lerne **täglich** neue Wörter wie **zum Beispiel:** „**haarsträubend**", „**erbärmlich**" oder „**grottenschlecht**".

Ich schreibe schlechte Rezensionen für Hotels in Saarbrücken, Restaurants in Mönchengladbach und Ferienwohnungen in Oldenburg. **Selbstverständlich** habe ich keinen dieser Orte **bisher besucht.** Aber das ist **nebensächlich.**

Mein Chef, Herr Bogdanovic, sagt immer, unsere

Arbeit ist **wichtiger**, als die Aktivität von allen Reportern, Bloggern und **Kolumnist**en zusammen. **Laut** Herrn Bogdanovic haben wir mehr **Einfluss auf** die **Bevölkerung** als Dokumentarfilme oder akademische Studien. Denn wir **entscheiden**, wo **Hochzeitspaare** ihre **Flitterwochen verbringen**, wo **Geschäftsmänner** Millionendeals machen, und **in welchen Betten** Kinder **gezeugt** werden.

Jeden Morgen **versammelt** Herr Bogdanovic alle Mitarbeiter in der Mitte des Büros und wir machen **Motivationsübungen**. Er singt „We will rock you" von Queen und **klatscht dabei** laut in die **Hände**. Wir **machen nur mit, weil er uns leid tut**. „Eure Arbeit von heute **bestimmt** die **Welt von morgen!**", ruft er. „Tipptopp, tippt top! ComTex!" (**Noch ein** neues Wort, das ich gelernt habe: „**fremdschämen**")

Herr Bogdanovic ist ein kleiner Mann mit einer **Halbglatze** und einer **permanent gerunzelt**en **Stirn**. Meine Kollegen sagen, er ist hier in Dresden **geboren** und hat in **Moskau** Literatur studiert, **noch zu** Soviet-Zeiten. Nach dem **Mauerfall** hat er angeblich **versucht**, einen **Roman** zu schreiben. Aber das Buch ist **nie fertig geworden**. Und **irgendwann** war er **pleite**. **Also** hat er begonnen, **Zeitungsanzeigen** für **Klempner** und **Bäckereien** zu verfassen. Dann kam die digitale Revolution. Und jetzt ist er **Abteilungsleiter** bei *ComTex PR Solutions* — unserer **Firma**, die **Zweigstellen** in St. Petersburg und Odessa, und ihren **Hauptsitz irgendwo** in den **Seychellen** oder den **Kaiman-Inseln** hat.

Ich habe **keine Ahnung**, **wer die ganzen** schlechten **Bewertungen bestellt**, aber **anscheinend** ist es ein **gutes Geschäft**. Denn wir bekommen täglich **Hunderte** von neuen **Aufträgen**. **Manchmal** schreiben wir auch positive Bewertungen, aber Herr Bogdanovic sagt immer, eine negative Rezension ist **effektiver als** zehn positive.

Ich **saß** vor meinem Computer und arbeitete an einer Rezension für ein kleines Hotel in Leverkusen: „**Kakerlaken** im **Badezimmer**, **papierdünne** Wände, **seltsam**e **Flecken** auf der **Bettdecke**. **Nie wieder!**"

Herr Bogdanovic **lehnte sich über** meine **Schulter**. Sein **Atem roch nach** kaltem Kaffee. „Nicht schlecht!", sagte er. „Aber mach aus *den* Kakerlaken *eine* Kakerlake. **Weniger ist mehr!** Und **sei nicht so sparsam mit** den **Ausrufezeichen!"**

Ich **korrigierte** den Text. Mein Chef **nickte zufrieden**. „Gute Arbeit!", rief er. „Wenn du so **weitermachst**, kommst du **eines Tages ganz nach oben**."

Unsere **Abteilung befand sich** im dritten Stock. **Über uns** saßen die Social-Media-**Trolle** und Kommentar-Kommandos. Niemand **wusste genau, was dort geschah, außer** dass alles sehr politisch und sehr **geheim** war.

Während wir im dritten Stock an Rezensionen über **faulige Duschvorhänge** und **zäh**e Rumpsteaks **brüteten, entschied**en unsere Kollegen im vierten Stock **die wichtigsten Wahlkämpfe der Welt** mit Fake-News und Fake-Kommentaren.

Herr Bogdanovic sagt, ich bin **bereit** für eine **Beförderung** in den vierten Stock. Aber ich habe schon jetzt **alle Hände voll zu tun**. In meinem ganzen Leben habe ich **noch nie** so viel gearbeitet.

Elisabeth sehe ich nur noch **selten**. Sie hat **vor Kurzem** ein **Filmstudium** an der Universität **begonnen** und wir leben jetzt mehr **nebeneinander** als **miteinander**.

Wenn ich abends **todmüde** von der Arbeit zurückkomme, ist sie **meistens** nicht zu Hause, weil sie mit ihren **Kommilitonen irgendeinen obsku**-ren Sovietfilm oder japanischen Noir-**Streifen** sieht. Und wenn ich **morgens früh** zur Arbeit fahre, **schläft** sie meistens noch.

Am Wochenende haben wir **theoretisch** mehr Zeit **füreinander**, aber Herr Bogdanovic **schickt mir** auch **samstags** und **sonntags** Emails mit neuen Aufträgen auf mein Smartphone.

Elisabeth sagt, **ich muss** die Emails **nicht beant-worten**, aber **irgendwie** tut mir Herr Bogdanovic leid. Meine Kollegen sagen, dass ihn seine Frau vor Kurzem **verlassen** hat, und dass er **seitdem** im Büro schläft.

Ich **glaube**, Elisabeth **bereut**, dass sie mir ein Smartphone gekauft hat.

~

schrecklich: terrible | **teuer**: expensive | **lauwarm**: tepid | **Nudeln**: noodles | **Orangensaft**: orange juice | **labbrig**: floppy | **Nachgeschmack**: aftertaste | **Toilettenreiniger**: toilet cleaner | **nicht mal ... wert**: not even worth ... | **Stern**: star | **Bewertung**: rating | **kurz**: short | **prägnant**: concise | **persönlich**: personal | **darf nicht**: must not | **zu viel**: too much | **zu wenig**: too little | **am wichtigsten ist**: the most important thing is | **Emotionen**: emotions | **Twittern kann jeder.**: Anyone can tweet. | **Rezension**: review | **leichter als**: easier than | **Elisabethanisch**: Elizabethan | **persisch**: Persian | **Ghasel**: Ghazal (Arabic poetic form) | **verfassen**: compose | **spricht immer von ...**: always speaks about ... | **eigentlich**: actually | **fast**: almost | **nur**: only | **Ferienwohnungen**: holiday homes | **schlechte**: bad (ones) | **Jeden Morgen**: every morning | **(ich) bekomme**: (I) receive | **usw. [und so weiter]**: and so on and so forth | **(ich) verdiene**: (I) earn | **zwischen**: between | **davon**: of these | **noch viel weniger**: even much less | **weil**: because | **den Markt überschwemmen**: flood the market | **angeblich**: apparently | **zu kompliziert**: too complicated | **automatisch**: automatic | **Übersetzung**: translation | **deshalb**: therefore | **Muttersprachler**: native speakers | **genau wie ich**: just like me | **das macht nichts**: it doesn't matter | **Fehler**: errors | **Salz**: salt | **Suppe**: soup | **Großraumbüro**: open-plan office | **vierstöckig**: four-storied | **Gebäude**: building | **Industriegebiet**: industrial zone | **Mitarbeiter**: Co-workers | **hat mir diesen Job verschafft**: has gotten me this job | **jetzt,**

wo ...: now, that ... | **schwanger**: pregnant | **bald**: soon | **wird Vater**: becomes a dad | **es ist Zeit**: it's time | **auf eigenen Beinen zu stehen**: to stand on one's own two feet | **ziemlich**: pretty | **anstrengend**: demanding | **zumindest**: at least | **geschrieben**: written | **verbessern**: improve | **täglich**: daily | **zum Beispiel**: for example | **haarsträubend**: appalling | **erbärmlich**: paltry | **grottenschlecht**: abysmal | **selbstverständlich**: obviously | **bisher**: to date | **besucht**: visited | **nebensächlich**: secondary | **wichtiger**: more important | **Kolumnist**: columnist | **laut ...**: according to ... | **Einfluss auf**: influence on | **Bevölkerung**: population | **entscheiden**: decide | **Hochzeitspaare**: wedding couples | **Flitterwochen**: honeymoon | **verbringen**: spend | **Geschäftsmänner**: businessmen | **in welchen Betten**: in which beds | **Kinder gezeugt werden**: children are being sired | **versammelt**: gathers | **Motivationsübungen**: motivational exercises | **klatscht in die Hände**: claps one's hands | **dabei**: in doing so | **(wir) machen mit**: (we) join in | **nur**: only | **weil er uns leid tut**: because we feel sorry for him | **bestimmt**: defines | **die Welt von Morgen**: the world of tomorrow | **noch ein**: yet another | **fremdschämen**: feeling shame on someone else's behalf | **Halbglatze**: half-bald head | **permanent**: perpetual | **gerunzelt**: furrowed | **Stirn**: brow | **geboren**: born | **Moskau**: Moscow | **noch zu ... Zeiten**: still in ... times | **DDR (Deutsche Demokratische Republik)**: GDR (German Democratic Republic) | **Mauerfall**: fall of the Berlin Wall | **versucht**: tried |

Roman: novel | **nie**: never | **fertig geworden**: got finished | **irgendwann**: at some point | **pleite**: broke | **Zeitungsanzeigen**: newspaper ads | **Klempner**: plumbers | **Bäckereien**: bakeries | **Abteilungsleiter**: department manager | **Firma**: firm | **Zweigstellen**: branches | **Hauptsitz**: head office | **irgendwo**: somewhere | **Seychellen**: Seychelles | **Kaiman-Inseln**: Cayman Islands | **Bewertungen**: reviews | **keine Ahnung**: no clue | **wer bestellt**: who's ordering | **die ganzen**: all these | **anscheinend**: seemingly | **gutes Geschäft**: good business | **Hunderte**: hundreds | **Aufträge**: commissions | **manchmal**: sometimes | **effektiver als**: more effective than | **saß**: sat | **Kakerlaken**: cockroaches | **Badezimmer**: bathroom | **papierdünn**: paper-thin | **seltsam**: strange | **Flecken**: stains | **Bettdecke**: bed cover | **nie wieder**: never again | **lehnte sich über**: leaned over | **Schulter**: shoulder | **Atem**: breath | **roch nach**: smelled of | **weniger ist mehr**: less is more | **Sei nicht so sparsam mit ...!**: Don't be so economical with ...! | **Ausrufezeichen**: exclamation marks | **korrigierte**: corrected | **nickte**: nodded | **zufrieden**: content | **Gute Arbeit!**: Good job! | **rief**: exclaimed | **Wenn du so weitermachst ...**: If you carry on like that ... | **eines Tages**: someday | **ganz nach oben**: all the way to the top | **Abteilung**: compartment | **befand sich**: was situated | **über uns**: above us | **Trolle**: trolls | **wusste**: knew | **genau**: exactly | **was dort geschah**: what happened there | **außer, dass ...**: except that ... | **geheim**: secret | **während wir über ... brüteten**: while we were brooding over ... | **faulig**:

putrid | **Duschvorhänge**: shower curtains | **zäh**: stringy [chewy] | **entschied**: decided | **die wichtigsten**: the most important | **Wahlkämpfe**: election campaigns | **... der Welt**: ... in the world | **bereit**: ready | **Beförderung**: promotion | **alle Hände voll zu tun**: have one's hands full | **noch nie**: never before | **selten**: rarely | **vor Kurzem**: lately | **Filmstudium**: film studies | **nebeneinander**: next to each another | **miteinander**: together | **todmüde**: dead tired | **meistens**: mostly | **Kommilitonen**: fellow students | **irgendeinen**: some (kind of) ... | **obskur**: obscure | **Streifen**: flick [film] | **morgens früh**: early in the morning | **schläft noch**: is still sleeping | **am Wochenende**: on the weekend | **theoretisch**: theoretically | **füreinander**: for each other | **schickt mir**: sends me | **samstags**: on Saturdays | **sonntags**: on Sundays | **ich muss nicht**: I don't have to | **beantworten**: reply | **irgendwie**: somehow | **verlassen**: left | **seitdem**: since then | **bereut**: regretted | **(ich) glaube**: (I) think [lit.: believe]

 **Übung**

1. Dino schreibt Rezensionen über ...

a) Hotels, Romane und Ferienwohnungen

b) Hotels, Restaurants und Ferienwohnungen

c) Sonette, Restaurants und Hotels

2. Was ist ein anderes Wort für Rezension?

a) Revision

b) Sonett

c) Bewertung

3. Wie viel verdient er pro Rezension?

a) 5 Cent

b) 50 Cent

c) 55 Cent

4. Dino schreibt jeden Tag ... Stück.

a) zwischen 20 und 50

b) genau 100

c) zwischen 200 und 500

5. Wer hat Dino diesen Job verschafft?

a) Elisabeth

b) Alfredo

c) sein Vater

6. Herr Bogdanovic ist Dinos ...

a) Kollege

b) Chef

c) Freund

7. Jeden Morgen macht Herr Bogdanovic ...

a) Frühstück

b) Sport

c) Motivationsübungen

8. Wie heißt die Firma, wo Dino arbeitet?

a) ComTex PR Solutions

b) Goldener Bambus

c) Tipptopp, tippt top!

9. Die Firma hat ihren Hauptsitz in ...

a) den Seychellen oder den Kanarischen Inseln

b) den Ardennen oder den Kaiman-Inseln

c) den Seychellen oder den Kaiman-Inseln

10. Herr Bogdanovic sagt, eine negative Bewertung ist ... als zehn positive.

a) weniger effektiv

b) genauso effektiv

c) effektiver

11. Dino arbeitet im ... Stock.

a) dritten

b) vierten

c) fünften

12. Dinos Kollegen im ... Stock schreiben Fake-News und Fake-Kommentare.

a) dritten

b) vierten

c) fünften

13. Warum sieht Dino Elisabeth nur selten?

a) Sie schläft die ganze Zeit.

b) Sie hat ein Filmstudium begonnen.

c) Sie arbeitet in einer anderen Stadt.

14. Warum tut Herr Bogdanovic Dino leid?

a) Er verdient sehr wenig Geld.

b) Er hat keine Haare auf dem Kopf.

c) Seine Frau hat ihn vor Kurzem verlassen.

ANDRÉ KLEIN

2. Die Montagsdemo

★☆☆☆☆ *City Style Apartments* - „**Kann** es **wirklich** so **schlimm sein**? Ja, das kann es! Die **Fernbedienung** war so **fettig** wie eine **Fritteuse**, das **Waschbecken** war mit schwarzen Haaren **verstopft** und der **Vermieter** war extrem **unfreundlich. Katastrophal!**"

~

Gestern Abend nach der Arbeit **war** ich mit meinem Kollegen Omür **etwas trinken**. Er arbeitet schon **seit** zwei Jahren bei ComTex.

„Dieser Job ist **nichts für jeden**", sagte er. „Die meisten Mitarbeiter verlassen die Firma nach 1-2 Monaten."

Wir saßen in einer kleinen **Kneipe** in der hippen Dresdner Neustadt und tranken *Waldschlösschen*-**Bier**.

„**Alter Schwede!**", rief Omür und streckte seine Arme. „Ich bin **reif fürs Wochenende**."

„Aber es ist erst Montag —", sagte ich.

„Welcher Idiot hat den Montag **erfunden**?", rief er. „Ein **zweiter** Sonntag **wäre** viel besser!"

Er trank einen großen Schluck Bier, **rülpste** und **zeigte** auf mein Glas. „Warum trinkst du nicht? Das ist das beste Dresdner Bier! Fast 200 Jahre alt."

„200 Jahre?", sagte ich und **nippte** an meinem Glas. „**Dafür schmeckt** es aber ziemlich **frisch**."

Omür lachte laut und rief: „Dino, du **Spaßvogel**! Die *Brauerei* ist 200 Jahre alt, nicht das Bier!"

In dem Moment **betrat** eine **Gruppe** amerikanischer Touristen die Kneipe. Sie **redete**n **laut** und machten Selfies vor der Bar.

„**Mannomann!**", sagte Omür und **schüttelte** den Kopf. „**Kann man nicht einmal** mehr **in Ruhe** ein Bier trinken, ohne **überall Fremdsprachen** zu hören?"

„**Wieso**?", sagte ich. „Verstehst du kein Englisch?"

„Äh, doch!", **murmelte** Omür. „**Natürlich**! Aber **es geht ums Prinzip**. Manchmal fühle ich mich wie **fremd im eigenen Land!**"

„Ich **dachte**, du bist **Türke** —", sagte ich. „Oder nicht?"

Omür **seufzte** und trank einen Schluck Bier. „Mein Vater ist in den **Fünfziger**n aus **Anatolien** nach Deutschland gekommen, als **Gastarbeiter**. Aber ich bin hier geboren."

„In Dresden?", fragte ich.

„Nein, in Hamburg", sagte er. „Nach der **Wende** sind wir nach Dresden **gezogen**."

„Und du sprichst kein **Türkisch**?", sagte ich.

„Was? Natürlich!", sagte er. „Aber das ist nicht mein Punkt!"

„Was ist dein Punkt?", fragte ich.

„Die **Ausländer!**", rief er und **stellte** sein Glas **lautstark** auf den Tisch. „Sie **machen** dieses **Land kaputt!**"

„Die Touristen?", fragte ich. „Oder die Flüchtlinge?"

Er lachte und sagte: „Pah! Es gibt keine Flüchtlinge, Dino! Das sind alles **Wirtschaftsmigranten** und **Asylschwindler.**"

„Entschuldige bitte —", sagte ich. „Aber wo ist der **Unterschied?**"

„**Wo soll ich anfangen**?", sagte er. „Mein Vater zum Beispiel ist nach Deutschland gekommen, um **ehrlich** zu arbeiten. Er hat auf der **Baustelle geschuftet**, Tag für Tag. Aber diese **Schmarotzer** bekommen alles **auf dem Silbertablett serviert, ohne einen Finger krumm zu machen!**"

„Moment mal!", sagte ich. „Viele von den Menschen sind **vor Kriegen geflohen**. Aus Syrien oder dem Irak zum Beispiel. Meine Freundin hat die Menschen für eine Zeitung interviewt, und sie sagt, diese **Leute** haben alles verlo—"

„**Papperlapapp!**", **unterbrach** Omür. „**Lügen-
presse**! Das ganze System ist **durch und durch**
korrupt."

„Ich verstehe nicht", sagte ich. „Welches System?"

„Welches System?", rief er. „Du bist **lustig**, Dino!
Niemand hat uns gefragt, ob wir diese Menschen
aufnehmen wollen. Das haben *die da oben* ganz
alleine entschieden." Er zeigte mit dem Finger in die
Luft.

„Aber Omür!", sagte ich. „Ich bin auch Ausländer."

„Das ist **etwas anderes**", sagte er.

„Warum?", sagte ich. „Weil ich arbeite?"

Er **schaute auf** die **Uhr** und sagte: „**Weißt du
was**? **Lass uns** zur Montagsdemo gehen. Dann **geht
dir** vielleicht ein **Licht auf**."

„Was ist eine *Montagsdemo*?", fragte ich und
grinste. „Eine **Demonstration** gegen den **Montag**?"

Omür lachte. „Du hast Humor, Dino! Das ist gut."
Dann **wurde** er **plötzlich ernst** und sagte: „Nein.
Die Montagsdemo ist eine **Versammlung** von

besorgten **Bürgern**, die mit der Situation **unzufrieden** sind."

„Welche Situation?", fragte ich.

„Ganz einfach!", rief er. „Wir müssen **raus** aus der EU, wir **brauchen stärkere Grenzen**, wir müssen die **Islamisierung** stoppen!"

„Islamisierung?", sagte ich. „Bist du nicht selbst Moslem?"

„Mein Vater ist jeden Freitag in die Moschee gegangen", sagte Omür. „Aber das war etwas anderes. Das war Tradition! Er **hat niemandem gesagt, wie** er leben soll. Ich bin Deutscher und ich sage: der Islam ist *nicht* Teil von Deutschland. Also, **kommst du mit** auf die Demo?"

„Ähm —", sagte ich. „**Ein anderes Mal** vielleicht. Ich bin ziemlich **müde**." Ich **stand auf**, **bezahlte** mein Bier und **verließ** die Kneipe.

Es war ein **frostig**er Novemberabend. Ich **spazierte** über die Augustusbrücke in **Richtung** der Dresdner **Altstadt**. Ein **eisig**er Wind **blies um** meine **Ohren**. **Weihnachtsbeleuchtungen** glitzerten an den **Laternen** und **spiegelten** sich auf der Elbe. Ich sah die **angestrahlten Umrisse** der **Frauenkirche** und des **Residenzschloss**es. Es war ein **Anblick** wie aus einem **Märchen**.

Mitten auf der **Brücke begegnete** ich einer Gruppe von Menschen mit **Fackeln**, **Plakate**n und **Transparente**n mit **Sprüche**n wie *„Merkel muss weg!"*, *„Lügenpresse!"* oder *„Deutschland den Deutschen!"* Sie **schienen** sehr **wütend**. Waren dies die „besorgten Bürger", **von denen** Omür **gesprochen hatte**? Ein **junges Pärchen warf mir giftige Blicke zu**. Ein **älterer** Herr mit einem *„Scharia? Nein danke!"*-Plakat **spuckte** vor meine Füße und **zischte**: „Geh zurück nach Hause! Du bist hier nicht willkommen!"

Ich **schluckte**. Meine Füße **schritten schneller** über die Brücke. Jemand **pfiff hinter mir**. Ich **eilte** über das **Kopfsteinpflaster** der Altstadt in Richtung des **Bahnhof**s.

Auch hier sah ich Leute mit Plakaten und **Schildern**. Sie gingen alle in dieselbe Richtung. Ich sah auch ein paar Polizisten, aber sie schienen den Mob zu ignorieren.

Ich **stieg in** eine S-Bahn und lehnte den Kopf an die **Fensterscheibe**. Die Lichter der Stadt **zogen lautlos vorbei. Als ich endlich** zu Hause **angekommen war**, **öffnete** ich die **Wohnungstür** und **fand** Elisabeth im **Wohnzimmer**.

„Was machst du denn hier?", rief ich. „Ich **dachte**, ihr schaut einen Film!"

„Das war der Plan", sagte sie und **zuckte mit den Achseln**. „Aber der Projektor war kaputt."

Ich **warf** meinen **Rucksack** in eine **Ecke** und **ließ mich** aufs Sofa **fallen**. Dann erzählte ich ihr von meinem **Gespräch** mit Omür und der Begegnung mit den „besorgten Bürgern".

„Oh mein Gott!", sagte sie. „**Bist du in Ordnung**?"

Ich nickte und sagte: „Ja. **Es ist nichts passiert. Zum Glück**. Aber ich verstehe nicht — Warum sind diese Leute so wütend?"

„Keine Ahnung", sagte sie. „**Wahrscheinlich**

wissen sie es selbst nicht. Ich finde es jedenfalls ziemlich gruselig. Damals waren sie gegen Juden, heute gegen Muslime. Aber was macht das für einen Unterschied? Hass ist Hass."

„Mmh, ich weiß nicht", sagte ich. "Vielleicht hat Omür recht. In sehr kurzer Zeit sind sehr viele Flüchtlinge nach Deutschland gekommen. Und die Menschen waren nicht darauf vorbereitet."

„Mag sein", sagte Elisabeth. „Aber wusstest du, dass im Vergleich zu Westdeutschland in Ostdeutschland viel weniger Ausländer wohnen? Und hier ist der Hass am größten! Das macht doch keinen Sinn!"

„Wirklich? Das wusste ich nicht —", sagte ich.

„Hast du Hunger?", fragte sie nach einer Weile. „Ich habe *Spaghetti alla Siciliana* gekocht."

„Gerne", sagte ich. „Ich gehe schnell duschen."

„Oh", sagte sie und runzelte die Stirn. „Sorry, das habe ich ganz vergessen!"

„Was ist?", sagte ich.

„Wir haben kein warmes Wasser.", sagte sie. „Der

Boiler funktioniert nicht."

~

Kann es ... sein?: Can it be ...? | **wirklich**: really | **schlimm**: terrible | **Fernbedienung**: remote control | **fettig**: greasy | **Fritteuse**: deep fat fryer | **putzen**: clean | **musste**: had to | **Waschbecken**: sink | **verstopft**: clogged up | **Vermieter**: landlord | **unfreundlich**: unfriendly | **katastrophal**: catastrophic | **war etwas trinken**: had a drink | **seit**: since/for | **nichts für jeden**: not for everyone | **Kneipe**: bar | **Bier**: beer | **Alter Schwede!**: Gosh! | **reif für ...**: ripe [ready] for ... | **Wochenende**: weekend | **erfunden**: invented | **zweiter**: second | **wäre**: would be | **rülpste**: burped | **zeigte**: pointed | **nippte**: sipped | **Dafür ...**: Considering ... | **schmeckt**: tastes | **frisch**: fresh | **Spaßvogel**: joker | **Brauerei**: brewery | **betrat**: entered | **Gruppe**: group | **redete**: talked | **lautlos**: loudly | **Mannomann!**: Boy oh boy! | **schüttelte**: shook | **Kann man nicht einmal ...?**: Can't one even ...? | **in Ruhe**: in peace | **überall**: everywhere | **Wieso?**: Why? | **Fremdsprachen**: foreign languages | **murmelte**: muttered | **Natürlich!**: Of course! | **es geht ums Prinzip**: it's a matter of principle | **fremd im eigenen Land**: a stranger in one's own country | **dachte**: thought | **Türke**: Turk | **seufzte**: sighed | **Fünfziger**: fifties | **Anatolien**: Anatolia | **Gastarbeiter**: migrant worker | **die Wende**: the fall of the (Berlin) Wall [lit.: turnaround]| **gezogen**: moved | **Türkisch**: Turkish | **Ausländer**: foreigner | **stellte**: put | **lautstark**: loudly | **machen ... kaputt**: destroy ... | **Land**: country | **Wirtschaftsmigranten**: economic migrants | **Asylschwindler**: asylum swindlers | **Unterschied**: difference |

Wo soll ich anfangen?: Where should I begin? | **ehrlich**: honestly | **Baustelle**: construction site | **geschuftet**: slaved (away) | **Schmarotzer**: freeloaders | **auf dem Silbertablett serviert**: handed on a silver platter | **ohne einen Finger krumm zu machen**: without lifting a finger | **vor Kriegen geflohen**: fled from wars | **Leute**: people | **Papperlapapp!**: Fiddlesticks! | **unterbrach**: interrupted | **Lügenpresse**: lying press | **durch und durch**: through and through | **lustig**: funny | **Niemand hat uns gefragt, ob ...**: Nobody asked us if ... | **aufnehmen**: take in | **die da oben**: the powers that be [lit: those up there] | **etwas anderes**: something else | **schaute auf**: looked at | **Uhr**: watch | **Weißt du was?**: You know what? | **Lass uns ...**: Let's ... | **dir geht ein Licht auf**: the truth will dawn upon you | **grinste**: grinned | **Demonstration**: demonstration [march] | **Montag**: Monday | **wurde**: became | **plötzlich**: suddenly | **ernst**: serious | **Versammlung**: gathering | **besorgte Bürger**: worried citizens | **unzufrieden**: disgruntled | **raus**: out | **brauchen**: need | **stärker**: stronger | **Grenzen**: borders | **Islamisierung**: Islamification | **hat niemandem gesagt, wie ...**: didn't tell anybody how ... | **Kommst du mit?**: Are you coming along? | **müde**: tired | **ein anderes Mal**: another time | **stand auf**: got up | **bezahlte**: paid | **verließ**: left | **frostig**: frosty | **spazierte**: walked | **Richtung**: direction | **Altstadt**: old town [historic district] | **eisig**: icy | **blies um**: blew around | **Ohren**: ears | **Weihnachtsbeleuchtungen**: Christmas lights | **glitzert**: twinkled | **Laternen**: lanterns | **spiegelte**:

mirrored | **angestrahlt**: illuminated | **Umrisse**: silhouettes | **Frauenkirche**: Church of Our Lady | **Residenzschloss**: residence castle | **Anblick**: view | **Märchen**: fairy tale | **mitten auf**: in the middle of | **Brücke**: bridge | **begegnete**: encountered | **Fackeln**: torches | **Plakate**: posters | **Transparente**: banners | **Sprüche**: slogans | **schien**: seemed | **wütend**: furious | **... von denen (er) gesprochen hatte**: ... (he) had talked about | **jung**: young | **Pärchen**: couple | **warf mir giftige Blicke zu**: darted poisonous glances at me | **ältere**: elderly | **spuckte**: spat | **zischte**: hissed | **schluckte**: swallowed | **schritt**: paced | **schneller**: quicker | **pfiff**: whistled | **hinter mir**: behind me | **eilte**: hurried | **Kopfsteinpflaster**: cobblestones | **Bahnhof**: train station | **Schilder**: signs | **stieg in ...**: got on ... | **Fensterscheibe**: window pane | **zogen vorbei**: drifted past | **lautlos**: silently | **Als ich angekommen war, ...**: When I had arrived ... | **endlich**: finally | **öffnete**: opened | **Wohnungstür**: apartment door | **fand**: found | **Wohnzimmer**: living room | **dachte**: thought | **zuckte mit den Achseln**: shrugged | **warf**: threw | **Rucksack**: backpack | **Ecke**: corner | **ließ mich fallen**: let myself fall | **Gespräch**: conversation | **Bist du in Ordnung**: Are you all right? | **Es ist nichts passiert.**: Nothing happened. | **zum Glück**: fortunately | **wahrscheinlich**: probably | **sie wissen es selbst nicht**: they don't know (it) themselves | **jedenfalls**: in any case | **gruselig**: creepy | **damals**: back in the days | **gegen**: against | **Juden**: Jews | **Was macht das für einen Unterschied?**: What difference does it make? | **Hass**: hatred |

hat recht: is right | **darauf vorbereitet**: prepared for it | **Mag sein!**: That may be so! | **Wusstest du ...?**: Did you know ...? | **im Vergleich zu**: in comparison to | **Westdeutschland**: West Germany | **Ostdeutschland**: East Germany | **weniger**: fewer | **am größten**: the highest | **macht keinen Sinn**: makes no sense | **Gerne.**: With pleasure. | **duschen**: shower | **Hast du Hunger?**: Are you hungry? | **nach einer Weile**: after a while | **Boiler**: boiler [for central heating] | **funktioniert nicht**: doesn't work

Übung

1. Wer ist Omür?

a) Dinos Chef

b) Dinos Kollege

c) Dinos Vermieter

2. Wo sitzen Dino und Omür?

a) in einer Kneipe

b) in einem Restaurant

c) in einem Büro

3. Omür arbeitet seit ... bei ComTex.

a) zwei Monaten

b) zwei Jahren

c) zwölf Jahren

4. Er fühlt sich ... im eigenen Land.

a) zu Hause

b) fremd

5. Sein Vater ist ... nach Deutschland gekommen.

a) aus dem Irak

b) aus Amerika

c) aus Anatolien

6. Er will, dass Dino mit ihm ... geht.

a) nach Hause

b) zu einer Party

c) zu einer Demonstration

7. Omür sagt, die Montagsdemo ist eine Versammlung von ...

a) besorgten Bürgern

b) Gastarbeitern

c) Asylschwindlern

8. Auf der Augustusbrücke begegnet Dino einer Gruppe von Menschen ...

a) mit Fackeln, Plakaten und Transparenten

b) mit Dackeln, Plakaten und Transparenten

c) mit Fackeln, Postkarten und Transparenten

9. Die Menschen sind sehr ...

a) freundlich

b) müde

c) wütend

10. Dino fährt ... nach Hause.

a) mit dem Taxi

b) mit dem Bus

c) mit der S-Bahn

11. Elisabeth sagt, dass in Ostdeutschland ... Ausländer wohnen als in Westdeutschland.

a) mehr

b) weniger

12. Warum haben sie kein warmes Wasser?

a) Dino hat die Rechnung nicht bezahlt.

b) Der Winter ist zu kalt.

c) Der Boiler ist defekt.

3. Vitamin B

★☆☆☆☆ *Schnitzelhaus* - „**Trotz Reservierung** mussten wir **Ewigkeiten warten**! Die Schnitzel waren zäh wie **Turnschuhe** und in meiner Suppe **schwamm** eine **Fliege. Ekelhaft!**"

~

Unsere **Wohnung** befand sich in Seevorstadt-West, in einer ruhigen Straße und **dennoch** in **Laufnähe** zum Hauptbahnhof.

Herr Uhlig, unser Vermieter, wohnte im **Erdgeschoss**. Ich **klingelte** an seiner Tür. Es war sieben Uhr morgens. Er öffnete **sofort**, **lächelte** und rief: „Ah, mein **treu**er Mieter aus Sizilien! Guten Morgen! Kommen Sie herein!"

„Ähm, ich **wollte** eigentlich nur —", begann ich. Aber er war **bereits verschwunden**.

„Vita-Cola oder Sternburg?", rief er aus der **Küche**.

„Cola ist okay", sagte ich und **schloss** die Tür

hinter mir.

Herr Uhlig kam mit einem Glas Cola und einer **Flasche** Sternburg-Bier aus der Küche. Er **trug** einen **braun**en **Bademantel** und grüne Crocs.

„Bitte setzen Sie sich!", sagte er.

Das **Wohnzimmer** von Herrn Uhlig **bestand aus** zwei braunen **Ledersofas**, einem **ova**len **Fliesentisch** und einer schweren **Schrankwand** aus dunklem **Eichenholz**. Auf einem kleinen Tisch stand ein **bauchig**er alter **Fernseher**.

Ich setzte mich und nippte an der Cola.

„Lecker, finden Sie nicht?", rief mein Vermieter. „Viel besser als das amerikanische **Zeug**. Sehen Sie, es war nicht alles schlecht in der DDR!"

„DD-was?", sagte ich.

„DDR!", rief er. „Die Deutsche Demokratische Republik?"

„Oh!", sagte ich. „Ist das kommunistische Cola?" Herr Uhlig lächelte und öffnete **zischend** seine Bierflasche.

„Aber entschuldigen Sie bitte", sagte er. „Was kann

ich für Sie tun?"

Ich erzählte ihm von dem Problem mit dem Boiler. Er nickte und **notierte** etwas auf einem **Block**.

„In Ordnung", sagte er. „Ich **schicke Ihnen** in einer Stunde einen **Handwerker**."

„Oh", sagte ich. „So schnell? Danke!"

„**Nichts zu danken**", sagte er. „Heute ist alles so einfach. Wissen Sie, **früher brauchte** man immer **Vitamin B**."

„Vitamin-was?", sagte ich.

„B", sagte er und trank einen Schluck Bier. „Für ‚**Beziehung**'."

„Ah", sagte ich. „Verstehe. Hatten Sie keine **gelben Seiten** in der DDR?"

„Natürlich!", rief er und lachte. „Die Leute **denken** immer, wir hatte nichts damals. Aber es war nicht alles schlecht! Man musste einfach immer **ein bisschen** warten. **Außer man kannte jemanden, der** jemanden kannte, der jemanden kannte —"

„Ah!", sagte ich. „Vitamin B!"

„**Genau**", sagte er und lächelte. „Meine **Nachbarn**

zum Beispiel mussten 5 Jahre auf ihr Telefon warten. Aber mein Vater war **Arzt** und **einer seiner** Patienten war ein **hohes Tier** bei der Post. Also hatten wir als erstes Haus in der **Nachbarschaft** einen **Telefonanschluss!**"

„Fünf Jahre für ein Telefon?", sagte ich. „Ich dachte immer, im Sozialismus sind **alle** Menschen **gleich**."

Herr Uhlig lachte und sagte: „Ich habe einen Freund aus St. Petersburg. Er sagt immer: ‚Wir **Russen** wussten **von Anfang an**, dass der Sozialismus nur eine neue Form von **Ungleichheit** ist. Aber ihr Deutschen habt wirklich **daran geglaubt!**'" Herr Uhlig zuckte mit den Achseln. „Waren wir naiv? Zu idealistisch? Vielleicht. Aber es war nicht alles schlecht damals!"

Ich nickte und schaute auf die alten Bücher in der Schrankwand. Herr Uhlig **zündete sich eine Zigarette an**.

„Kann ich Sie etwas fragen?", sagte ich.

„**Nur zu!**", sagte er.

Ich erzählte ihm von meinem Gespräch mit Omür

und den „besorgten Bürgern" in der Altstadt. Dann sagte ich: „Warum hassen die **Ostdeutsche**n Ausländer so sehr? **Hat das** etwas **mit** der **Vergangenheit zu tun?**"

Herr Uhlig seufzte, machte eine **Handbewegung** und sagte: „Das ist **in der Tat** ein Problem. Diese Leute fühlen sich **abgehängt** und von der **Regierung verraten.**"

„Aber warum?", sagte ich. „**Die Mauer** existiert **nicht mehr**. Die Menschen sind **frei**! Oder nicht?"

Herr Uhlig lächelte und sagte: „Junger Mann, so einfach ist es leider nicht. Für viele Menschen ist mit der Deutschen Demokratischen Republik eine ganze Welt **zusammengebrochen.**"

„Aber das war **vor mehr als** zwanzig Jahren!", sagte ich und warf die Hände in die Luft.

Herr Uhlig **drückte** seine Zigarette **aus** und sagte: „**Nun ja**. Heute kann man **zwar reisen**, **wohin man will**, **Karriere machen**, individuell leben, etc., aber für viele Leute sind das nur **leere Versprechen**. Damals in der DDR hat der **Staat** alles organisiert. Heute **muss man sich** um alles **selbst kümmern.**"

„Und jetzt denken sie, **Flüchtlinge** kommen aus der ganzen Welt und der Staat gibt ihnen alles **umsonst**?", fragte ich.

„Das ist natürlich nicht ganz richtig", sagte Herr Uhlig. „Aber ja, so denken viele Leute **tatsächlich.**"

„Okay", sagte ich und trank einen Schluck Cola. „Aber mein Kollege ist aus der Türkei. Er hat nie in der DDR gelebt. Und er denkt **genauso!**"

„Ja", sagte Herr Uhlig. „Das ist wirklich **seltsam.** Wir leben in einer sehr seltsamen Zeit. Aber wissen Sie, nicht alle Ostdeutschen denken so. **Wenn Sie mich fragen**, gibt es überall gute und schlechte Menschen, **ganz egal welches** Land und welche Religion!"

In dem Moment **vibrierte** mein Handy. Ich schaute auf den **Bildschirm** und sah eine Email von Herrn Bogdanovic: „Bitte im Büro **melden**, asap!"

Ich entschuldigte mich, bedankte mich für die Cola und verließ Herrn Uhligs Wohnung.

~

trotz: despite | **Reservierung**: reservation | **Ewigkeiten**: eternities | **warten**: wait | **Turnschuhe**: sneakers | **schwamm**: swam | **Fliege**: fly | **ekelhaft**: disgusting | **Wohnung**: apartment | **dennoch**: yet | **Laufnähe**: walking distance | **Erdgeschoss**: ground floor | **klingelte**: rung | **sofort**: immediately | **lächelte**: smiled | **treu**: loyal | **bereits**: already | **wollte**: wanted | **war verschwunden**: had disappeared | **Küche**: kitchen | **schloss**: closed | **Flasche**: bottle | **trug**: wore | **Bademantel**: bath robe | **Wohnzimmer**: living room | **bestand aus**: consisted of | **Ledersofas**: leather sofas | **oval**: oval | **Fliesentisch**: tile table | **Schrankwand**: wall of cupboards | **Eichenholz**: oak (wood) | **bauchig**: bulbous | **Fernseher**: television | **Zeug**: stuff | **zischend**: fizzing | **notierte**: noted | **Block**: notepad | **(ich) schicke Ihnen**: I'll send you [formal] | **Handwerker**: handyman | **Nichts zu danken!**: Don't mention it! | **früher**: back then | **brauchte**: needed | **Vitamin B**: good connections | **Beziehung**: relations, connections | **gelben Seiten**: yellow pages | **denken**: think | **ein bisschen**: a little bit | **außer**: except | **man kannte jemanden, der ...**: you knew someone who ... | **Genau!**: Exactly! | **Nachbarn**: neighbors | **Arzt**: doctor | **einer seiner**: one of his | **hohes Tier**: big shot | **Nachbarschaft**: neighborhood | **Telefonanschluss**: telephone connection | **alle gleich**: all equal | **Russen**: Russians | **von Anfang an**: from the beginning | **Ungleichheit**: inequality | **daran geglaubt**: believed in it | **(er) zündete sich eine Zigarette an**: (he) lit a cigarette for himself | **Nur zu!**: Go ahead! | **Ostdeutsche**: East Germans | **Hat das mit … zu tun?**: Does it have to do with …? | **Vergangenheit**: past | **Handbewegung**: hand movement | **in der Tat**: indeed | **abgehängt**: left behind | **liebt**: loves | **Benutzen Sie Ihren Kopf!**: Use your head! [formal] | **könnte**: could | **Regierung**: government | **verraten**: betrayed | **die Mauer**: the Wall | **nicht mehr**: no longer | **frei**: free | **zusammengebrochen**: collapsed | **vor mehr als …**: more than … ago | **drückte … aus**: grinded out … | **Nun ja**: well | **zwar**: admittedly | **reisen**: travel | **wohin man will**: to wherever you want | **Karriere machen**: to make career | **leere Versprechen**: empty promises | **Staat**: nation | **man muss sich selbst um … kümmern**: you have to take care of … yourself | **Flüchtlinge**: refugees | **umsonst**: for free | **tatsächlich**: actually | **genauso**: just the same | **seltsam**: strange | **Wenn Sie mich fragen …**: If you ask me … | **ganz egal welches**: no matter which | **vibrierte**: vibrated | **Bildschirm**: screen | **melden**: report | **Ich entschuldigte mich**: I apologized | **(ich) bedankte mich für …**: (I) thanked (him) for …

 **Übung**

1. Dinos und Elisabeths Wohnung befindet sich in ...

a) der Dresdner Neustadt

b) einem Industriegebiet

c) Seevorstadt-West

2. Wer ist Herr Uhlig?

a) Dinos Vermieter

b) Dinos Kollege

c) Dinos Chef

3. Herr Uhlig schickt einen Handwerker, um ... zu reparieren.

a) den Fernseher

b) den Boiler

c) die Dusche

4. „DDR" steht für ...

a) Deutsche Demokratische Rezension

b) Deutsche Demokratische Republik

c) Dänische Demokratische Republik

5. Das „B" in Vitamin-B steht für ...

a) Bedeutung

b) Berührung

c) Beziehung

6. Herr Uhligs Freund sagt, der Sozialismus ist ...

a) eine alte Form der Gleichheit

b) eine neue Form der Gleichheit

c) eine neue Form der Ungleichheit

7. Laut Herrn Uhlig fühlen sich viele Ostdeutsche von ... verraten.

a) den Flüchtlingen

b) der Regierung

c) der Welt

8. Sie denken, der Staat gibt Flüchtlingen ...

a) alles umsonst

b) kein Geld

c) zu wenig Geld

9. Herr Uhlig sagt, es gibt überall ... Menschen.

a) große und kleine

b) wütende und nette

c) gute und schlechte

10. Dino bekommt eine Email von ...

a) Herrn Uhlig

b) Herrn Bogdanovic

c) Elisabeth

ANDRÉ KLEIN

4. Im Blauen Oktopus

~

★☆☆☆☆ *Seepalast* - „Dies **war einmal** ein **vornehm**es Hotel mit **erstklassig**em Personal, klassischer Architektur und respektablen **Gäste**n. Aber jetzt? Die Zimmer sind **heruntergekommen**, in der Lobby sitzen **Rucksacktouristen** mit Fastfood-**Tüten** und beim Frühstücksbuffet **hängen** überall **verschwitzt**e **Sportler herum**!"

~

Herr Bogdanovic stand bereits vor dem **Aufzug**,

als sich die Türen öffneten. Seine Augen waren **gerötet** und sein **Anzug zerknittert**.

„Wir haben ein Problem", sagte er und **strich** über sein **flusiges Resthaar**.

„Was ist passiert?", fragte ich und **schaute mich um**. Alles schien **wie immer**. Meine Kollegen saßen **gebückt über** ihren **Tastatur**en. Omür **winkte mir zu** und machte **Grimassen** hinter Herrn Bogdanovics **Rücken**.

„Nun ja", begann mein Chef. „Ihre Kollegen aus dem vierten Stock hatten gestern eine kleine **Firmenfeier**. Sie waren bei diesem neuen koreanischen Fischrestaurant in der Neustadt —"

„Oh!", sagte ich. „Im *Blauen Oktopus*? Ich habe vor Kurzem eine Rezension **darüber** geschrieben."

„**Ebendieses**", sagte Herr Bogdanovic und seufzte. „Nun, sie sind jedenfalls heute alle **krankgeschrieben**."

„Was?", rief ich. „Die **gesamte Abteilung**?"

Herr Bogdanovic nickte und sagte: „Angeblich haben sie vom **Meeresfrüchte**-Buffet gegessen. Sie wissen nicht, ob es die **Garnelencocktails**, die **Tintenfischringe** oder die **Krabbenpuffer** waren. Aber jetzt **liegen** sie mit **Fieber** und **Magenkrämpfen** im Bett. Die gesamte **Mannschaft!**"

„Das tut mir leid", sagte ich. „Kann ich irgendetwas tun?"

„Ich habe **Anweisungen von ganz oben** bekommen", sagte mein Chef. „**Bitte folgen Sie mir!**"

Wir betraten den Aufzug. Die Türen schlossen sich und Herr Bogdanovic **drückte** auf die Nummer 4. „Die ganze **Sache** ist **streng vertraulich**, verstehen Sie?"

Ich nickte. Die Türen öffneten sich. Der vierte Stock **sah aus wie** eine exakte Kopie des dritten Stocks: **ein weiteres**, graues Großraumbüro. Die Bildschirme der Computer hier waren ein bisschen größer, aber **ansonsten** war alles genau gleich, **sogar** die Tische und Stühle. Doch das Büro war dunkel und leer.

„So, da sind wir!", sagte Herr Bogdanovic und **trat aus** dem Aufzug. Er **schaltete** das Licht **an** und wir gingen **zum nächstbesten Arbeitsplatz**.

„Ein treuer ComTex-Kunde aus Russland hat heute morgen eine halbe Million Likes, zweihunderttausend Retweets und fünftausend neue Kommentare für eine politische **Kampagne** bestellt", **erklärte** mein Chef.

„Eine halbe Million?", rief ich. „**Wie bitte**?"

„Nun ja", sagte Herr Bogdanovic und zeigte auf den Stuhl. „Die Likes und die Retweets haben wir bereits in eine Klickfarm in **Malaysien ausgelagert**."

„**Lassen Sie mich raten**", sagte ich und setzte mich. „Ich soll Kommentare schreiben?"

„Sie verstehen schnell", sagte Herr Bogdanovic legte seine Hand auf meine Schulter.

„Aber wie soll ich in so kurzer Zeit fünftausend Kommentare schreiben?", sagte ich. „**Und außerdem**, ich habe keine **Erfahrung damit**!"

„Keine Sorge!", sagte mein Chef und **tippte** einen **Benutzername**n und **Kennwort ein**. „Politische Kommentare sind eigentlich genau wie Hotel- und Restaurant-Bewertungen. Sie müssen kurz, prägnant und persönlich sein. Aber am wichtigsten ist, dass sie —"

„Emotionen transportieren?", fragte ich.

„**Haargenau!**", rief er und klatschte in die Hände.

„**Also gut**", begann er und klickte mit der Maus auf ein paar Icons. Hunderte von kleinen Porträt-Fotos **erschien**en auf dem Bildschirm. „Das ist Ihre, **wie soll ich sagen —Armee**?"

„Wie bitte?", sagte ich. „Wer sind diese Menschen?"

Herr Bogdanovic zuckte mit den Achseln. „Niemand", sagte er. „**Strohmänner, Marionetten.**" Ich sah Fotos von jungen Mädchen, alten Damen, **glattrasiert**en Männern und bärtigen Herren.

„Fake-Profile?", flüsterte ich.

Herr Bogdanovic nickte und klickte auf das **Gesicht** einer jungen Frau mit blonden Haaren. „Das hier zum Beispiel ist Sarah Brunner. Sie hat zwei Kinder, wohnt in Potsdam und arbeitet als — Moment!" Er scrollte. „Ah ja, **Zahnarzthelferin**. Sie hat 4174 Freunde und ist **Mitglied** von 8423 Gruppen."

„Und wo schreibe ich die Kommentare?", fragte ich.

Mein Chef öffnete ein **Fenster** und eine lange Liste erschien. „Hier sehen Sie die **Ziele**. Die meisten sind **Diskussionsstränge** auf verschiedenen Facebook-**Seiten** und **Foren**. Aber es gibt auch ein paar **Kommentarspalten** unter **Zeitungsartikel**n."

„Und was soll ich schreiben?", fragte ich.

„Ihre **Aufgabe** ist es, Diskussionen **umzuleiten**, zu **polarisieren**, **erodieren** und **politisieren**", sagte er. „Zum Beispiel hier!" Er öffnete einen Link. „Dieser Artikel spricht über **Bio-Erdbeeren** aus Portugal. Was sagt Sarah Brunner **dazu**?"

„Mmh", sagte ich. „Keine Ahnung? Dass sie Erdbeeren **liebt**?"

„Unser Kunde will Kommentare *gegen* Europa, *für* Deutschland!", sagte mein Chef. „**Benutzen Sie Ihren Kopf**!"

„Mmh", sagte ich. „Vielleicht schreibt Sarah Brunner, dass deutsche Erdbeeren besser sind?"

„Exzellent!", rief mein Chef. „Sie **könnte**n zum Beispiel so etwas schreiben wie: ,Die **Regierung zerstört** unsere **Landwirtschaft** mit **billig**en Importprodukten, während deutsche **Felder verrotten**'. Oder hier!" Er öffnete einen anderen **Strang**. „Das hier ist ein Video über die zehn besten Campingplätze. **Auf den ersten Blick harmlos**, nicht wahr? Aber Sarah Brunner schreibt, dass ihr Lieblings-Campingplatz jetzt —"

„Ein **Flüchtlingslager** ist?", sagte ich.

„Bingo!", rief Herr Bogdanovic. „**Seien Sie kreativ**! Wenn andere Menschen wütend auf ihre Kommentare antworten, sind Sie **auf dem richtigen Weg**. Sie bekommen natürlich auch immer automatisch Likes aus Malaysien."

„Okay", sagte ich. „Ich glaube, ich verstehe. Aber fünftausend Kommentare in zwei Tagen? **Das schaffe ich niemals!**"

Herr Bogdanovic öffnete ein weiteres Fenster und sagte: „Hier finden Sie ein paar **Vorlagen**. Sie können diese **Textbausteine** einfach copy-pasten."

Ich begann zu lesen: „*Traurik!! die politicker von [...] machen [...] kaput. Armes doitschlant!*"

„Das ist ja schrecklich!", sagte ich. „Brauchen wir wirklich so viele Rechtschreibfehler?"

„**Authentizität**", sagte Herr Bogdanovic. „Wie bei den Rezensionen. Fehler sind das Salz in der Suppe! Das ist bei politischen Kommentaren sogar noch wichtiger."

„**Wie Sie meinen**", sagte ich. „Aber ich habe eigentlich keine Zeit. Ich habe alle Hände voll zu tun mit den Rezensionen!"

„**Mensch Meier!**", rief Herr Bogdanovic. „Verstehen Sie nicht? Das ist eine **einmalig**e Chance für Sie! Sie **verdienen** hier **dreimal so viel** wie im dritten Stock! Außerdem bekommen Sie einen **fett**en Bonus."

„Das **klingt gut**", sagte ich. „Aber ist diese Arbeit **überhaupt** legal? Das ist doch Manipulation, oder nicht?"

Herr Bogdanovic **senkte** seine Stimme und sagte: „Sie müssen natürlich einen NDA **unterschreiben**."

„Wie bitte?", sagte ich.

„Ein *Non-Disclosure-Agreement*", sagte er. Ich zuckte mit den Achseln. „Eine ‚**gegenseitige Geheimhaltungsvereinbarung**', auf Deutsch."

„Aha", sagte ich. „Das **bedeutet, ich darf nicht über** meine Arbeit **sprechen**?"

Herr Bogdanovic nickte.

„Ich weiß nicht", sagte ich. „Kann das nicht **jemand anders** machen? Ich **meine**, ich arbeite erst seit kurzer Zeit hier. Warum ich?"

„Ganz einfach", sagte er und grinste. „Sie sind mein **bestes Pferd im Stall**." Dann wurde er plötzlich ernst und sagte: „**Ich bitte Sie!** Mein Boss **hat mich ohnehin** schon **auf dem Kieker**, weil ich — manchmal im Büro **übernachte**."

Er schaute mich mit braunen **Hundeaugen** an, **zupfte** an seinem **Kragen** und seine Stirn **faltete sich doppelt und dreifach**.

„Okay", sagte ich und seufzte. „Ich mache es."

„Ich wusste, **dass ich auf Sie zählen kann**", sagte Herr Bogdanovic und **klopfte mir auf** die Schulter. „Also, **an die Arbeit!**"

~

war einmal: used to be | **vornehm**: stately | **erstklassig**: world-class | **Gäste**: guests | **heruntergekommen**: shabby | **Rucksacktouristen**: backpackers | **Tüten**: bags | **hängen herum**: hang around | **verschwitzt**: sweat-soaked | **Sportler**: sportspeople | **Aufzug**: elevator | **gerötet**: reddened | **Anzug**: suit | **zerknittert**: wrinkled | **strich**: stroke | **flusig**: fuzzy | **Resthaar**: remaining hair | **(ich) schaute mich um**: (I) looked around | **wie immer**: as always | **gebückt über**: crouched over | **Tastatur**: keyboard | **winkte mir zu**: waved at me | **Grimassen**: grimaces | **Rücken**: back | **Firmenfeier**: company party | **darüber**: about it | **ebendieses**: the very same | **krankgeschrieben**: on sick leave | **gesamte**: whole | **Abteilung**: department | **Meeresfrüchte**: seafood | **Garnelencocktails**: shrimp cocktails | **Tintenfischringe**: squid rings | **Krabbenpuffer**: crab cakes | **liegen**: lie | **Fieber**: fever | **Magenkrämpfen**: stomach cramps | **Mannschaft**: squad | **Anweisungen**: instructions | **von ganz oben**: from the top | **Bitte folgen Sie mir!**: Please follow me! | **drückte**: pushed | **Sache**: matter | **streng vertraulich**: strictly confidential | **sah aus wie**: looked like | **ein weiteres**: another | **ansonsten**: apart from that | **sogar**: even | **trat aus**: stepped out (of) | **schaltete an**: switched on | **zum nächstbesten**: to the next best | **Arbeitsplatz**: workstation | **Kampagne**: campaign | **erklärte**: explained | **Wie bitte?**: I beg your pardon? | **Malaysien**: Malaysia | **ausgelagert**: outsourced | **Lassen Sie mich raten!**:

Let me guess! | **und außerdem**: and besides | **Erfahrung**: experience | **damit**: with that | **tippte ein**: typed in | **Benutzername**: user name | **Kennwort**: password | **Haargenau!**: That's exactly right! | **also gut**: all right, then | **erschien**: appeared | **Wie soll ich sagen?**: How should I say? | **Armee**: army | **Strohmänner**: scarecrows | **Marionetten**: puppets | **glattrasiert**: Clean-shaved | **flüsterte**: whispered | **Gesicht**: face | **Zahnarzthelferin**: dental assistant | **Mitglied**: member | **Fenster**: window | **Ziele**: targets | **Diskussionsstränge**: discussion threads | **Seiten**: pages | **Foren**: forums | **Kommentarspalten**: comment columns | **Also …**: So … | **Zeitungsartikel**: newspaper articles | **Aufgabe**: job [task] | **umzuleiten**: divert | **polarisieren**: polarize | **erodieren**: erode | **politisieren**: politicize | **Bio-Erdbeeren**: organic strawberries | **dazu**: about it | **Regierung**: government | **zerstört**: destroys | **Landwirtschaft**: agriculture | **billig**: cheap | **Felder**: fields | **verrotten**: rotting | **Strang**: thread | **auf den ersten Blick**: at first glance | **harmlos**: harmless | **Flüchtlingslager**: refugee camp | **Seien Sie kreativ!**: Be creative! | **auf dem richtigen Weg**: on the right track | **Das schaffe ich niemals!**: I'll never make it! | **Vorlagen**: templates | **Textbausteine**: text modules | **Authentizität**: authenticity | **Wie Sie meinen …**: Whatever you say … | **Mensch Meier!**: Good grief! | **einmalig**: unique | **verdienen**: earn | **dreimal so viel**: three times as much | **fett**: fat | **klingt gut**: sounds good | **überhaupt**: even | **senkte**: lowered | **unterschreiben**: sign |

gegenseitige Geheimhaltungsvereinbarung: reciprocal non-disclosure agreement | **bedeutet**: signified | **Ich darf nicht über ... sprechen.**: I'm not allowed to speak about ... | **jemand anders**: somebody else | **(ich) meine, ...**: I mean, ... | **bestes Pferd im Stall**: pick of the bunch [lit.: best horse in the stable] | **Ich bitte Sie!**: I implore you! | **hat mich auf dem Kieker**: has it in for me | **ohnehin**: anyway | **übernachte**: stay overnight | **Hundeaugen**: dog eyes | **zupfte**: plucked | **Kragen**: collar | **faltete sich**: folded itself | **doppelt und dreifach**: double and threefold | **..., dass ich auf Sie zählen kann.**: ... that I can count on you. | **klopfte mir auf ...**: slapped me on ... | **An die Arbeit!**: Knuckle down!

Übung

1. Die Kollegen aus dem vierten Stock hatten ...

a) ein Meeting

b) eine Firmenfeier

c) eine Telefonkonferenz

2. Sie waren bei einem ... Restaurant.

a) koreanischen

b) afghanischen

c) chinesischen

3. Jetzt liegen sie mit Fieber und ... im Bett.

a) Halsschmerzen

b) Kopfschmerzen

c) Magenkrämpfen

4. Das Büro im vierten Stock ist ... das Büro im dritten Stock.

a) größer als

b) gleich groß wie

c) kleiner als

5. Ein Kunde hat ... bestellt.

a) 0,5 Millionen Retweets, 20.000 Likes und 5.000 Kommentare

b) 0,5 Millionen Likes, 200.000 Retweets und 5.000 Kommentare

c) 0,5 Millionen Kommentare, 500 Likes und 20.000 Retweets

6. Die Likes und die Retweets hat ComTex in ... ausgelagert.

a) eine Klickfarm in Kroatien

b) eine Zweigstelle in St. Petersburg

c) eine Klickfarm in Malaysien

7. Dino soll politische ... schreiben.

a) Artikel

b) Rezensionen

c) Kommentare

8. Der Kunde hat Kommentare ... bestellt.

a) für Europa, gegen Deutschland

b) gegen Europa, für Deutschland

c) für Europa, für Deutschland

9. Für diese Arbeit bekommt Dino ... Geld wie im dritten Stock.

a) doppelt so viel

b) dreimal so viel

c) viermal so viel

10. Dino ... nicht über seine Arbeit sprechen.

a) muss

b) darf

c) will

11. Herr Bogdanovic sagt, Dino ist sein ...

a) „bester Hund im Büro"

b) „bester Vogel im Haus"

c) „bestes Pferd im Stall"

12. Warum hat Herr Bogdanovics Boss ihn „auf dem Kieker"?

a) weil er nicht hart genug arbeitet

b) weil er nie im Büro übernachtet

c) weil er manchmal im Büro übernachtet

5. Humus und Taboulé

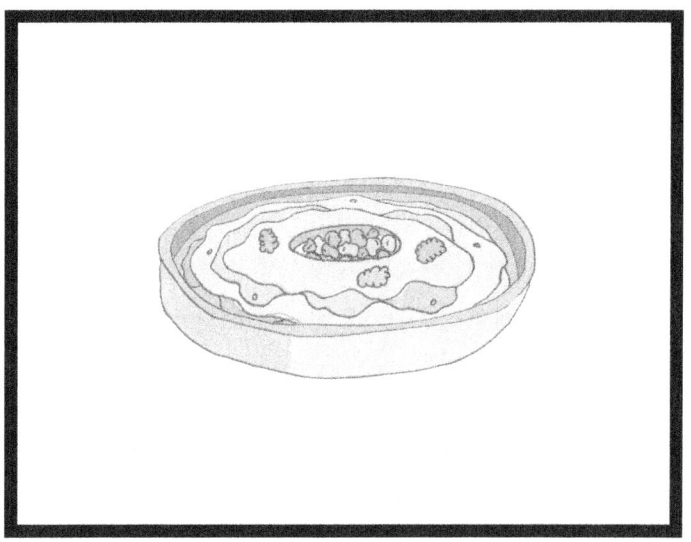

*15 **Kochtipps** für Singles und Studenten -* „**Ich bin** diese exotischen **Gerichte leid**! Überall Sushi, Döner und Falafel. **Was ist so schlimm an Kartoffelbrei** und **Speck**?"

20 Kommentare, 38 Gefällt mir

~

Mein erster Arbeitstag im 4. Stock war **schwieriger als erwartet**. **Wer hätte gedacht**, dass es so anstrengend ist, wütende Kommentare zu schreiben? Die Rezensionen waren ein **Kinderspiel dagegen**!

Ich saß den ganzen Morgen alleine in dem großen Büro, aber Herr Bogdanovic kam **ab und zu** und **half** mir mit **Formulierungen**.

Ich arbeitete **gerade** an einem Kommentar über ein **Meerschweinchenrennen** in Quedlinburg. Herr Bogdanovic trank **pechschwarz**en Kaffee aus einer **Tasse** mit dem **Aufdruck** „Bester Chef der Welt".

„Nicht schlecht!", sagte er und zeigte auf den Bildschirm. „Aber Sie müssen an Ihrer **Rechtschreibung** arbeiten."

„Wieso?", sagte ich. „Habe ich Fehler gemacht?"

Herr Bogdanovic trank einen Schluck Kaffee und schüttelte den Kopf. Dann sagte er: „Nein. **Ganz im Gegenteil**. Sie machen *nicht genug* Fehler! Sie wissen doch, Fehler sind das —"

„Salz in der Suppe", sagte ich und seufzte. „Ja ja. Ich weiß."

Mein Chef schaute auf die Uhr und sagte: „So, in ein paar Minuten können Sie **Mittagspause** machen."

Ich nahm meine Finger von der Tastatur, rieb meine Augen und gähnte. Wer hätte gedacht, dass Internet-Trolle so hart arbeiten? In dem Moment vibrierte mein Telefon. Ich hatte eine **Nachricht** von Elisabeth: „Hi Dino! Ich habe eine **Freistunde**. **Hast du Hunger**?"

Wenig später saßen wir in einem kleinen **libanesisch**en Restaurant. Wir waren die einzigen Gäste. Die Wände waren mit goldenen Tellern und Postern von alten **Tempelruinen dekoriert**. Im Hintergrund **lief** arabische Pop-Musik. An einem Fenster **klebte** ein **Zettel** mit der Aufschrift: „**Aushilfe gesucht**!".

Ich aß einen Schawarma-Teller mit **Pommes**, Elisabeth hatte einen Teller Humus und Taboulé-Salat bestellt. Dazu tranken wir **Apfelschorle** und Vita-Cola.

„Wie war dein Tag?", fragte ich.

„Ganz gut", sagte sie. „Aber der **Dozent** im Tarkovsky-Seminar ist so eine **Schlaftablette**."

„Tarkovsky?", sagte ich und **spießte** ein paar Pommes mit der **Gabel auf**. „Das ist dieser russische

Regisseur, oder?"

Elisabeth nickte und sagte: „Der Titel des Seminars ist: ‚Der poetische Symbolismus im Werk Tarkovskys‘, aber unser Dozent hat heute zwei Stunden lang nur über die **Bedeutung** der **Teetasse** in *Solaris* geredet. Aber **ich will mich nicht beklagen.** Das Studium ist **so gut wie kostenlos**." Sie seufzte. „Wie war dein Tag, Dino?"

Ich erzählte ihr von der **missglückt**en Firmenfeier im *Blauen Oktopus* und meiner neuen **Tätigkeit** als **vollberuflich**er Internet-Troll. „Der Job ist ziemlich anstrengend", sagte ich. „Aber zumindest ist das **Gehalt** besser." Ich lachte.

Elisabeth stellte ihre Apfelschorle auf den Tisch, machte ein ernstes Gesicht und sagte: „Bist du **verrückt geworden**?"

„Was?", sagte ich. „Das ist seit Jahren mein erster *richtiger* Job! Und jetzt habe ich eine Beförderung bekommen! Ich dachte, **du freust dich für mich**."

„Aber Dino!", flüsterte sie und schaute sich um. „Das ist Medien-Manipulation!"

„**Das habe ich auch zuerst gedacht**", sagte ich und zuckte mit den Achseln. „Aber mein Chef hat gesagt, ich muss nur dieses Papier unterschreiben, und alles ist gut."

„Was für ein Papier?", sagte Elisabeth und **hob** die **Augenbrauen**.

„Ähm", sagte ich. „Ein ‚NDA' oder so etwas. Das bedeutet, dass —"

„Du mit niemanden darüber sprechen darfst!", sagte Elisabeth.

„Oh", sagte ich und lächelte. „**Ups!**"

Sie schüttelte den Kopf und sagte: „Ich habe dir von Anfang an gesagt, ich **traue** dieser Firma **nicht!**"

„Aber mein Bruder hat mir diesen Job verschafft", sagte ich.

„Mag sein", sagte sie. „Aber hast du keine **moralischen Skrupel**?"

„Wieso?", sagte ich und aß eine Gabel Schawarma. „Das sind nur **sinnlose** Kommentare im Internet. Und sie geben mir gutes **Geld** dafür!"

Elisabeth seufzte und sagte: „**Es ist meine**

Schuld. Ich hätte früher etwas sagen sollen."

„Wie meinst du?", sagte ich und **schlürfte** meine Vita-Cola durch einen **Strohhalm**.

„Na ja", sagte sie. „Die Sache mit den Rezensionen —"

„Du hast gesagt, es ist gut, dass ich mehr auf Deutsch schreibe!", sagte ich.

„Ja, Dino", sagte sie. „Aber hast du nie **darüber nachgedacht**, dass du den Hotels und Ferienwohnung **Schaden zufügst**?"

„Wie meinst du?", sagte ich.

„**Nimm** dieses Restaurant zum Beispiel!", sagte sie. Ich schaute mich um. Der **Inhaber**, ein kleiner Mann mit einer Halbglatze und einem **Schnurrbart**, stand hinter der Theke und **wischte** auf seinem Handy **herum**. Elisabeth flüsterte: „Wenn er zu viele negative Rezensionen bekommt, kommen keine Gäste mehr und er muss das Restaurant **schließen**! Wie soll er dann seine Familie **ernähren**?"

„**Wegen gefakt**en Online-Rezensionen?", sagte ich und lachte. „Niemals!"

„**Was meinst du**, wie ich dieses Restaurant gefunden habe?", sagte sie.

„Keine Ahnung", sagte ich. „Im Internet?"

„Genau!", sagte sie. „Ich habe ‚libanesisches Restaurant' **eingetippt** und dieses hier hatte einfach die besten Bewertungen."

„Aber das bedeutet doch nicht, dass *alle* Leute ihre Restaurants und Hotels nur über das Internet **auswählen!**", sagte ich.

„Vielleicht nicht", sagte Elisabeth. „Aber immer mehr Menschen nutzen das Internet für **solche** Entscheidungen. Und die meisten Leute wissen nicht, dass viele Bewertungen **gefälscht** sind."

„Aber du weißt es?", sagte ich.

„Ja", sagte Elisabeth. „Und **trotzdem** wähle ich **instinktiv** immer das Restaurant oder das Produkt mit den besten Bewertungen."

„Aber das ist doch absurd!", sagte ich.

„Vielleicht", sagte sie. „Aber so ist es."

„Mmh", sagte ich nach einer Weile. „Ich glaube, ich verstehe —"

„Hast du wirklich noch nie darüber nachgedacht?", fragte sie.

„**Ehrlich gesagt**, nein", sagte ich und **starrte** auf meinen leeren Teller. „Ich war viel zu **beschäftigt**, meine Arbeit gut zu machen."

In dem Moment erschien der Inhaber des Restaurants und fragte: „Hat es geschmeckt?" Wir nickten und er nahm unsere Teller. Dann **brachte** er uns zwei Tassen süßen Kaffee. „**Auf Kosten des Hauses!**"

Als er wieder verschwunden war, sagte ich: „Jetzt habe ich **ein schlechtes Gewissen —**"

„Dino", sagte Elisabeth. „Die Rezensionen sind **eine Sache**. Aber diese Kommentare, die du jetzt schreibst, sind noch viel schlimmer!"

„Wieso?", sagte ich. „Wegen so einem Kommentar müssen doch keine Restaurants schließen!"

„Nein", sagte sie. „Nicht wegen *einem* einzigen Kommentar. Aber das politische Klima **verändert sich** langsam. Weißt du, was eine **Filterblase** ist?"

„Wie meinst du?", sagte ich.

„Na ja", begann sie. „Du hast dich gefragt, warum

diese ‚besorgten Bürger' so wütend sind, oder?" Ich nickte. „Wusstest du, dass viele dieser Leute keine Zeitung mehr lesen, sondern alle ihre Informationen nur noch aus dem Internet bekommen?"

„Aber das bedeutet doch nicht, dass sie alles glauben", sagte ich.

„Nein", sagte Elisabeth. „Vielleicht nicht. Aber **heutzutage glaubt** jeder nur noch an das, was er glauben *will*. Und du **lieferst** diesen Menschen Fake-News für ihre Fake-Realität."

„Mmh", sagte ich. „Vielleicht hast du Recht. Aber was soll ich jetzt machen? Herr Bogdanovic hat gesagt, er braucht meine **Hilfe**. Und er tut mir irgendwie leid."

„Keine Frage!", rief sie. „Du musst **kündigen**. Sofort!"

~

Kochtipps: cooking tips | **Ich bin ... leid**: I'm fed up with ... | **Gerichte**: meals | **Was ist so schlimm an ...?**: What's so bad about ...? | **Kartoffelbrei**: mashed potatoes | **Speck**: bacon | **schwieriger**: trickier | **als erwartet**: than expected | **Wer hätte gedacht ...?**: Who would have thought ...? | **Kinderspiel**: a piece of cake [lit.: children's game] | **dagegen**: by contrast | **ab und zu**: every now and then | **half**: helped | **Formulierungen**: formulations | **gerade**: at the moment | **Meerschweinchenrennen**: guinea pig race | **pechschwarz**: pitch-dark | **Tasse**: cup | **Aufdruck**: imprint | **Rechtschreibung**: orthography | **ganz im Gegenteil**: on the contrary | **nicht genug**: not enough | **Mittagspause**: lunch break | **Nachricht**: message | **Freistunde**: free period | **wenig später**: soon after | **libanesisch**: Lebanese | **Tempelruinen**: temple ruins | **dekoriert**: decorated | **lief**: played [music] | **klebte**: stuck | **Zettel**: leaflet | **Aushilfe gesucht**: Help wanted | **Pommes**: french fries | **Apfelschorle**: apple spritzer | **Dozent**: lecturer | **Schlaftablette**: bore [lit.: sleeping pill] | **spießte auf**: impaled | **Gabel**: fork | **Regisseur**: director | **Bedeutung**: significance | **Teetasse**: teacup | **Ich will mich nicht beklagen.**: I don't want to complain. | **so gut wie**: as good as | **kostenlos**: free [at no charge] | **missglückt**: failed | **Tätigkeit**: occupation | **vollberuflich**: full-time | **Gehalt**: salary | **verrückt geworden**: gone mad | **Du freust dich für mich.**: You're happy for me. | **Das habe ich auch zuerst gedacht!**: That's what I first thought, too! | **hob**: raised | **Augenbrauen**:

eyebrows | **Ups!**: Whoops! | **traue**: trust | **nicht**: not | **moralisch**: moral | **Skrupel**: qualms | **sinnlos**: pointless | **Geld**: money | **Es ist meine Schuld.**: It's my fault. | **Ich hätte etwas sagen sollen.**: I should have said something. | **früher**: earlier | **schlürfte**: slurped | **Strohhalm**: straw | **darüber nachgedacht**: thought about it | **Schaden zufügst**: cause damage | **Nimm!**: Take! | **Inhaber**: owner | **Schnurrbart**: mustache | **wischte herum**: wiped around | **schließen**: close | **ernähren**: feed | **wegen**: because of | **gefakt**: faked | **Was meinst du?**: What do you think? | **eingetippt**: typed | **auswählen**: choose | **solche**: such | **gefälscht**: phony | **trotzdem**: regardless | **instinktiv**: instinctively | **ehrlich gesagt**: to be honest | **starrte**: stared | **beschäftigt**: busy | **brachte**: brought | **auf Kosten des Hauses**: on the house | **ein schlechtes Gewissen**: a guilty conscience | **eine Sache**: one thing | **verändert sich**: changes | **Filterblase**: filter bubble | **heutzutage**: these days | **glaubt**: believes | **(du) lieferst**: (you're) catering | **Hilfe**: help | **kündigen**: quit [resign]

Übung

1. Die Arbeit im vierten Stock ist ... erwartet.

a) weniger schwierig als

b) genau so schwierig wie

c) schwieriger als

2. Herr Bogdanovic sagt, Dino macht ... Fehler.

a) zu viele

b) nicht genug

c) viele

3. Dino und Elisabeth gehen in ein ... Restaurant.

a) afghanisches

b) türkisches

c) libanesisches

4. Wie viel kostet Elisabeths Studium?

a) Es ist sehr teuer.

b) Es ist preiswert.

c) Es ist so gut wie kostenlos.

5. Elisabeth ist ... über Dinos Beförderung.

a) sehr glücklich

b) nicht sehr glücklich

6. Sie sagt, dass Dinos Rezensionen den Hotels und Ferienwohnungen ...

a) Glück bringen

b) neue Kunden bringen

c) Schaden zufügen

7. Elisabeth sagt, viele Leute suchen ... nach Restaurants und Hotels.

a) in den Gelben Seiten

b) im Internet

c) in der Bibliothek

8. Dino hat ein schlechtes Gewissen, weil er versteht, ...

a) dass er den Menschen Schaden zufügt

b) dass er nicht über seine Arbeit sprechen darf

c) dass Elisabeths Studium zu teuer ist

9. Elisabeth sagt, die politischen Kommentare sind ... die Rezensionen.

a) weniger schlimm als

b) genau so schlimm wie

c) viel schlimmer als

10. Sie sagt, dass viele Leute ihre Information nur noch ... bekommen.

a) aus der Zeitung

b) aus dem Fernsehen

c) aus dem Internet

11. Laut Elisabeth glaubt jeder nur noch an das, was ...

a) er in der Zeitung liest

b) er glauben will

c) er im Fernsehen sieht

12. Sie sagt, Dino muss sofort ...

a) mehr Kommentare schreiben

b) weniger Kommentare schreiben

c) kündigen

6. Bester Chef der Welt

~

Nach dem **Mittagessen** mit Elisabeth saß ich wieder vor meinem Computer im 4. Stock. Ich **scrollte** durch die Liste meiner „Ziele". Da waren Artikel und Kommentarspalten über amerikanische **Turnschuhe**, **holländische Tulpen**, afghanische **Windhunde** und deutsche **Limousinen**.

Aber **jedes Mal**, wenn ich zu schreiben begann,

musste ich an den Inhaber des libanesischen Restaurants denken. Wie lange lebte er schon in Deutschland? Wie viel **verdiente** er im Monat? Vermisste er seine Heimat? Hatte er Kinder?

Ich scrollte durch die Liste meiner „Armee": Hunderttausende von kleinen Fotos mit **erfundenen Allerwelts**-Namen (**alphabetisch geordnet**) wie: Albert Fischer, Andreas Schröder, Antonia Schmidt, Anna Müller, Arnold Schulz, Astrid Schneider, usw.

Wer waren die Menschen auf den Fotos? Wussten sie, dass ihre digitalen **Doppelgänger** wütende Kommentare über chinesische Sensoren und **albanische Birnen** schrieben?

Da sah ich, dass sich unter jedem Bild ein kleiner Link mit der Aufschrift: „mehr Informationen" befand. Ich **klickte auf** einen dieser Links und ein Fenster öffnete sich: „**ZUGANG VERWEIGERT**."

Ich probierte einen anderen Link, aber bekam wieder die gleiche **Meldung**: „ZUGANG VERWEIGERT."

In dem Moment hörte ich eine Stimme hinter mir.

Ich **fuhr auf**.

„**Kommen Sie gut zurecht**?" Es war Herr Bogdanovic.

„Äh, ja", sagte ich. „**Alles in Butter**. Aber kann ich Sie etwas fragen?"

„**Nur zu!**", sagte mein Chef.

„Warum kann ich diese Links nicht öffnen?", sagte ich und zeigte auf meinen Bildschirm.

„Keine Ahnung", sagte Herr Bogdanovic. „**Brauchen Sie das** für Ihre Arbeit?"

„Äh, ja", **log** ich.

„**Lassen Sie mich mal!**", sagte Herr Bogdanovic und stellte seine „Bester Chef der Welt"-Tasse auf meinen Schreibtisch. Er **meldete sich** vom System **ab** und loggte sich mit einem anderen Nutzernamen und Passwort ein. Dann sagte er: „Versuchen Sie es jetzt noch einmal!"

Ich klickte auf den „mehr Informationen"-Link unter Antonia Schmidt. Der Computer brauchte einen **Augenblick**, aber dann sah ich ein neues Fenster. Ich **fand heraus**, dass die Frau auf dem Foto **in**

Wahrheit Françoise Savoy-Weinstein **hieß**. Das Foto **stammte von** einer Casting-**Agentur** aus den **Niederlanden**.

Als Nächstes klickte ich auf den Link unter „Andreas Schröder". Sein wahrer Name war Terrence Alden und das Foto stammte von einer **Immobilien**-Webseite aus England.

„Wissen diese Leute, dass wir ihre Fotos benutzen?", fragte ich meinen Chef.

„Mmh?", murmelte Herr Bogdanovic und wischte auf seinem Telefon herum. „Wie bitte?"

„Diese Leute", sagte ich und zeigte auf meinen Bildschirm. „Haben wir eine **Erlaubnis**, ihre Bilder zu benutzen?"

„Keine Ahnung!", sagte mein Chef. „**Nach meiner Kenntnis** — ist das — „ Sein Telefon **piepte**. „Entschuldigen Sie mich bitte! Ich muss zu einem Meeting."

Er tippte etwas auf seinem Handy und **eilte** zum Aufzug. Während sich die Aufzugstüren schlossen rief er mir zu: „Sie machen gute Arbeit! **Weiter so!**"

Herr Bogdanovics **halbvoll**e Kaffeetasse stand **noch immer** auf meinem Schreibtisch. Ich klickte auf ein paar weitere Links. Die meisten Fotos kamen von alten Myspace-Profilen, Facebook oder Google. Andere kamen von Model-Agenturen und privaten **Webseite**n. Aber bei **einige**n **stand** nur: „**Quelle unbekannt**.“

Da **bemerkte** ich, dass neben dem „mehr Information“-Link zwei weitere Links erschienen waren: „**ändern**“ und „löschen“. Ich klickte auf den „ändern“-Link unter Arnold Schulz und sah ein **Eingabefeld**. Ich tippte etwas auf meiner Tastatur und lächelte. Arnold Schulz hieß jetzt „Arnold Schulzenegger“.

Fünf Minuten später hatte ich knapp ein Dutzend neuer Namen. Albert Fischer war jetzt „Alberto deNiro“, Astrid Schneider „Arianna Bellucci“, Anna Müller „Antonia Berlusconi“, usw.

Da klingelte mein Telefon. Ich schaute auf den Bildschirm. Es war Alfredo! Ich **nahm das Gespräch an** und rief: „Ciao, Bruder!“

„Wie geht es dir?", fragte Alfredo.

„Gut", sagte ich. „Und selbst?"

„Geht so", sagte er. „Loretta ist ein bisschen schwierig in letzter Zeit. Ich glaube, es sind die **Hormone**. Aber ich will mich nicht beklagen! Ich werde Vater, Dino!"

„Das freut mich für dich", sagte ich und **drehte** Herrn Bogdanovics Tasse auf dem Schreibtisch.

„**Wie gefällt dir** deine neue Arbeit?", fragte mein Bruder.

„Ah", sagte ich und hob die Kaffeetasse in die Luft. „Es ist gut, **dass du anrufst**. Ich wollte mit dir darüber sprechen."

„Wieso?", rief er. „Ist das Gehalt nicht in Ordnung?"

„Nein", sagte ich und lachte. „Das Gehalt ist sogar ziemlich gut. Aber es ist —" Ich **balancierte** die Kaffeetasse auf drei Fingern und starrte auf den Bildschirm.

„Was ist?", sagte Alfredo. „**Raus mit der Sprache!**"

„Nun ja —", begann ich. „Wie soll ich sagen?" Ich **hielt** die Tasse auf zwei Fingern, **schwenkte** nach links und nach rechts — und kollidierte mit dem Bildschirm. Die Tasse **krachte** auf die Tastatur und der Kaffee **lief** über den gesamten Schreibtisch.

„Was war das?", rief Alfredo. „Dino?"

Ich **fluchte leise**. Dann sagte ich zu meinem Bruder: „**Ich rufe dich später zurück**", und **legte auf**.

Ich seufzte und **überblickte** den **Unglücksort**. Auf der Tastatur **fehlten** ein paar Tasten. Meine Maus schwamm in einem **Kaffeesee**, und die dunkle **Flüssigkeit tröpfelte** bereits auf den **Fußboden**. Ich hob die Tastatur, drehte sie um, und **goss** den **restli**chen Kaffee **aus**. Da hörte ich ein **Geräusch**. Auf meinem Bildschirm erschien ein Fenster: „Möchten Sie das Profil ‚Alberto deNiro' wirklich **löschen**? Ja / nein."

Ich klickte auf „nein", aber ein neues Fenster erschien: „**Erfolgreich gelöscht**." Dann erschien die gleiche Frage wieder. „Möchten Sie das Profil ‚Arianna Bellucci' wirklich löschen? Ja / nein." Ich tippte auf der **nass**en Tastatur, aber bekam wieder die Meldung: „Erfolgreich gelöscht."

Ich starrte auf den Bildschirm, während das Programm **ein** Profil **nach dem anderen** löschte. Die Maus und die Tastatur **reagierte**n nicht. Ich **suchte nach** einem **An-/Aus-Schalter**, aber der Computer war in einem kleinen **Schrank** unter dem Schreibtisch **verschlossen**.

Ich runzelte die Stirn und lehnte mich in den Stuhl zurück. Die Profilbilder verschwanden **blitzartig** von meinem Bildschirm, **Reihe für Reihe**. Nach einer Weile waren alle Profile mit „A" gelöscht. Dann kamen die Namen mit „B", „C", usw.

~

Mittagessen: lunch | **scrollte**: scrolled | **Turnschuhe**: sneakers | **holländisch**: Dutch | **Tulpen**: tulips | **Windhunde**: greyhounds | **Limousinen**: limousines | **jedes Mal**: each time | **verdiente**: earned | **erfunden**: imaginary | **Allerwelts-**: run-of-the-mill | **alphabetisch geordnet**: sorted alphabetically | **Doppelgänger**: Doppelgänger [a look-alike or double of a living person] | **da sah ich**: then I saw | **albanisch**: Albanian | **Birnen**: pears | **klickte auf**: clicked on | **Zugang verweigert**: access denied | **Meldung**: notification | **fuhr auf**: startled | **Kommen Sie gut zurecht?**: Are you getting along well? | **Alles in Butter.**: Everything is hunky-dory. [lit.: everything in butter] | **Nur zu!**: Go ahead! | **Brauchen Sie das?**: Do you need that? | **log**: lied | **Lassen Sie mich mal!**: Let me have a try! | **meldete sich ab**: signed off | **Augenblick**: split second | **fand heraus**: found out | **in Wahrheit**: in reality | **hieß**: was called | **stammte von**: originated from | **Agentur**: agency | **Niederlanden**: Netherlands | **als Nächstes**: next | **Immobilien**: real estate | **Erlaubnis**: permission | **nach meiner Kenntnis**: to the best of my knowledge | **piepte**: bleeped | **eilte**: hurried | **Weiter so!**: Keep it up! | **halbvoll**: half-full | **noch immer**: still | **Webseite**: website | **einige**: some | **stand**: it said | **Quelle unbekannt**: source unknown | **bemerkte**: noticed | **ändern**: edit | **löschend**: delete | **Eingabefeld**: input field | **nahm das Gespräch an**: accepted the call | **Hormone**: hormones | **drehte**: turned (around) | **Wie gefällt dir ...?**: How do you like ...? | **..., dass du anrufst**: ... that you're calling | **balancierte**: balanced |

Raus mit der Sprache!: Spit it out! | **hielt**: held | **schwenkte**: swayed | **krachte**: crashed | **lief**: ran | **fluchte**: cursed | **leise**: quietly | **Ich rufe dich später zurück.**: I'll call you back later. | **legte auf**: hung up | **überblickte**: surveyed | **Unglücksort**: scene of the accident | **fehlten**: were missing | **Kaffeesee**: coffee lake | **Flüssigkeit**: fluid | **tröpfelte**: dribbled | **Fußboden**: floor | **goss aus**: poured out | **restlich**: residual [remaining] | **Geräusch**: sound | **löschen**: delete | **erfolgreich gelöscht**: successfully deleted | **nass**: wet | **ein** : an | **Profil**: section | **ein ... nach dem anderen**: one ... after the other | **reagierte**: responded | **suchte nach**: searched for | **An-/Aus-Schalter**: on/off switch | **Schrank**: cabinet | **verschlossen**: locked | **blitzartig**: like lightning | **Reihe für Reihe**: row by row

 **Übung**

**1. Nach der Mittagspause schreibt Dino ...
Kommentare.**

a) viele neue

b) keine neuen

c) ein paar neue

**2. Jedes Mal, wenn er zu schreiben beginnt, muss
er an ... denken.**

a) Elisabeth

b) Herrn Bogdanovic

c) den Inhaber des libanesischen Restaurants

3. Woher stammen die Fotos der Fake-Profile?

a) von Design-Agenturen und Immobilien-Webseiten

b) von Casting-Agenturen und Regierungs-Webseiten

c) von Casting-Agenturen und Immobilien-Webseiten

4. Dino ändert ... der Fake-Profile.

a) die Namen

b) die Adressen

c) das Alter

5. Wer ruft Dino an?

a) Herr Bogdanovic

b) Herr Uhlig

c) sein Bruder Alfredo

6. Dino spielt mit ...

a) Herrn Bogdanovics Tasse

b) Herrn Uhligs Bierflasche

c) Alfredos Telefon

7. Warum funktionieren Maus und Tastatur nicht?

a) Sie sind ziemlich alt.

b) Sie sind nicht kompatibel.

c) Sie schwimmen in einem Kaffeesee.

8. Der Computer ... automatisch alle Fake-Profile.

a) ändert

b) löscht

c) sortiert

9. Warum kann Dino den Computer nicht ausschalten?

a) Er ist in einem kleinen Schrank verschlossen.

b) Er braucht ein Passwort.

c) Der Computer ist defekt.

7. Digitaler Robin Hood

~

Während der Computer die Namen von „E" bis „F" löschte, öffneten sich die Türen des Fahrstuhls.

„Alter Schwede!", rief Omür. „Das Büro ist viel größer als unseres!"

Er ging an den Arbeitsstationen vorbei und pfiff. „Hast du die Bildschirme gesehen? Was ist das, 26 oder 27 **Zoll**? **Geil**, Mann!"

Ich **winkte** ihn zu meinem Schreibtisch **herüber**.

„Was ist denn hier passiert?", rief Omür und zeigte auf den Kaffeesee. Der Computer löschte gerade die Namen von „G" bis „H".

„Ich muss das Programm stoppen!", sagte ich. „Aber die Maus und die Tastatur funktioniert nicht!"

„Warum schaltest du nicht den Computer aus, du **Schlaukopf**?", sagte er.

„Das habe ich versucht!", rief ich und zeigte unter meinen Tisch. „Aber der Computer ist hier in diesem kleinen Schrank!"

Omür seufzte, **bückte sich** und sagte: „Hast du einen **Schlüssel**?"

„Natürlich nicht!", sagte ich.

Omür **rüttelte an** dem **Schloss**. Der gesamte Schreibtisch **bewegte sich**, aber der Schrank **blieb** verschlossen. Er seufzte, stand auf und überblickte meinen Schreibtisch. Dann nahm er zwei **Büroklammern**, **bog** sie **auseinander** und steckte sie in das **Schlüsselloch**.

„Schneller!", rief ich. Der Computer löschte gerade

alle Namen von „I" bis „J".

Omür fluchte auf Türkisch. Wenig später hörte ich ein Klicken und das Schloss **sprang offen**.

Omür grinste und sagte: „Siehst du? **Pipifax!**"

„**Worauf wartest du**?", rief ich. „Mach den Computer aus!"

„**Reg dich ab!**", sagte er. „Ich habe es **unter Kontrolle**."

Er drückte auf einen großen **Knopf** und wir hörten ein **Surren**. Der Bildschirm **ging aus**.

Ich **atmete auf**. Omür grinste und sagte: „Habe ich auf YouTube gelernt."

„Was?", sagte ich.

„Na, **Schlossknacken** natürlich, du **Schlaumeier!**", sagte er.

„Ah, **ach so**", sagte ich. „Äh, danke!"

„Nichts zu danken", sagte er und schaute sich um. „Aber was machst du hier eigentlich im vierten Stock?"

„Ich darf nicht darüber sprechen", sagte ich.

„**Komm schon!**", sagte er. „**Ich bin's**, dein treuer

Freund und Kollege Omür!"

„Ja —", sagte ich. „Aber ich habe dieses Papier **unterschrieben**."

„**Vertraust du mir nicht**?", rief er. „Ich werde **schweigen wie ein Grab!**"

„**Na gut**", sagte ich nach einer Weile. „Aber du darfst es wirklich niemandem **weitersagen. Unter keinen Umständen!**"

„**Ehrenwort!**", sagte Omür und klopfte sich auf die **Brust**.

Ich erzählte Omür kurz von der Misere im *Blauen Oktopus*, von meinem **Auftrag**, den Fake-Profilen und dem **Malheur** mit dem Kaffee. **Als ich fertig war**, setzte er sich auf meinen Schreibtisch und sagte: „Und jetzt?"

„Wie meinst du?", fragte ich.

„Na, was ist der Plan?", fragte er.

„Keine Ahnung", sagte ich. „Ich habe bereits mehr als die **Hälfte** der Kommentare geschrieben. Meine Freundin sagt, ich soll kündigen. Aber ich bekomme einen fetten Bonus für diese Arbeit."

„Wie viel?", fragt er.

Ich **nannte** eine **Summe**. Omür pfiff.

Dann rief er: „Ich habe eine Idee!" und schaltete den Computer wieder an. Er **loggte sich** mit Herrn Bogdanovics **Konto ein.**

„Woher kennst du sein Passwort?", fragte ich.

Omür zuckte mit den Achseln und sagte: „Es ist **kein großes Geheimnis.** Das halbe Büro kennt es: *Passwort123.*"

Nach **knapp** einer Stunde hatten wir einen **Großteil** der gelöschten Profile **wiederhergestellt. Das heißt**, eigentlich hatten wir neue Profile **erstellt**, mit neuen Namen und **zufällig**en Bildern aus dem Internet.

Ich hatte eine neue Tastatur und eine neue Maus an den Computer **angeschlossen.** Omür saß am Arbeitsplatz neben mir und tippte **wie ein Wilder.** Sein Plan war simpel. Er half mir mit der Arbeit, und **im Gegenzug wollte** er fünfzig Prozent des Bonus. „Kündigen kannst du **immer noch**", hatte er gesagt.

Ich schrieb gerade als „Bruce Schmillis" über die

Mietpreiserhöhung in Berlin. Aber Bruce hatte kein Problem mit Immigranten oder Europa. **Ganz im Gegenteil**! Er schrieb, dass er seine Wohnung mit vier Flüchtlingen aus Syrien **teilte**. Kostenlos. Nach ein paar Minuten hatte der Kommentar bereits 423 Likes - **vermutlich** aus Malaysien - aber auch ein paar echte Menschen antworteten auf meinen Kommentar, **teilweise sogar** sehr positiv.

„Wenn wir diese Arbeit nicht machen, macht sie jemand anders", hatte Omür gesagt. Er hatte Recht. Ich konnte die Armee der Fake-Profile nicht stoppen, aber ich konnte sie **umlenken**!

Und so schrieb ich Kommentar für Kommentar, aber **anstelle von** wütenden Worten verfasste ich **wohlwollend**e **Berichte** und **unterstützend**e Reaktionen. Ich war jetzt **eine Kraft des Guten, eine Art** digitaler Robin Hood!

Ich hatte keine Ahnung, was Omür schrieb, aber **wann immer** ich auf seinen Bildschirm schaute, sah ich viele Ausrufezeichen, **Großbuchstaben** und Rechtschreibfehler. Herr Bogdanovic **wäre stolz**

gewesen!

Apropos. Im Laufe des Nachmittags bekam ich eine Email von meinem Chef. Er schrieb, dass er seine Ex-Frau zum **Abendessen eingeladen** hatte: „Ich **hoffe**, Sie kommen alleine zurecht. **Drücken Sie mir die Daumen**! "

„Keine Sorge!", schrieb ich zurück. „Die Arbeit ist **in guten Händen**."

In dem Moment öffnete sich die Fahrstuhltür und ein **pubertierend**er **Pizzabote** stand in unserem Büro.

Ich stand auf und sagte: „Kann ich dir helfen?"

„Ich habe Ihre Bestellung hier", sagte der Junge und zeigte auf seine Tasche.

„Das muss ein **Irrtum** —", begann ich. Doch da erschien Omür neben mir und rief: „**Wurde aber auch Zeit**!"

Der Pizzabote gab Omür eine **riesig**e **Pizzaschachtel** und ein **Sechserpack** Waldschlöss-chen-Bier. Er ging zurück zu seinem Schreibtisch, öffnete zischend eine Flasche Bier, legte die **Beine** auf die **Tischplatte** und aß ein **Stück** Pizza.

„**Das macht dann** fünfundzwanzig dreiundneunzig", sagte der Bote zu mir.

„Äh —", sagte ich.

„Kannst du das **übernehmen**?", rief Omür mit vollem Mund. „**Die nächste Runde geht auf mich.**"

~

Zoll: inch | **Geil!**: Cool! | **winkte herüber**: waved over | **Schlaukopf**: smart aleck | **bückte sich**: stooped down | **Schlüssel**: key | **rüttelte an**: rattled at | **Schloss**: lock | **bewegte sich**: moved | **blieb**: stayed | **Büroklammer**: paper clip | **bog**: bent | **auseinander**: apart | **Schlüsselloch**: keyhole | **sprang auf**: sprang open | **Pipifax!**: Child's play! | **Worauf wartest du?**: What are you waiting for? | **Reg dich ab!**: Simmer down! | **unter Kontrolle**: under control | **Knopf**: button | **Surren**: whirring | **ging aus**: went out | **atmete auf**: breathed again | **Schlossknacken**: lockpicking | **Ach so!**: Oh, I see! | **Schlaumeier**: wise guy | **Komm schon!**: Come on! | **Ich bin's!**: It's me! | **unterschrieben**: signed | **Vertraust du mir nicht?**: Don't you trust me? | **schweigen wie ein Grab**: to be silent as a grave | **Na gut ...**: Well, okay ... | **weitersagen**: not let it go any further | **unter keinen Umständen**: under no circumstances | **Ehrenwort!**: Cross my heart! | **Brust**: chest | **Auftrag**: assignment | **Malheur**: mishap | **Als ich fertig war, ...**: When I'd finished ... | **Hälfte**: half | **nannte**: named | **Summe**: sum | **loggte sich ein**: logged in | **Konto**: account | **kein großes Geheimnis**: no big secret | **knapp**: about | **Großteil**: majority | **wiederhergestellt**: restored | **Das heißt, ...**: This means ... | **erstellt**: created | **zufällig**: random | **angeschlossen**: attached | **wie ein Wilder**: like a madman | **im Gegenzug**: in return | **wollte**: wanted | **immer noch**: still | **Mietpreiserhöhung**: rent increase | **ganz im Gegenteil**: on the contrary | **teilte**: shared | **vermutlich**: presumably | **teilweise**: partly | **sogar**: even |

115

umlenken: divert | **anstelle von**: instead of | **wohlwollend**: benevolent | **Berichte**: reports | **unterstützend**: supporting | **eine Kraft des Guten**: a power for good | **eine Art**: a kind of | **wann immer**: whenever | **Großbuchstaben**: upper-case letters | **wäre stolz gewesen**: would have been proud | **Abendessen**: dinner | **eingeladen**: invited | **Drücken Sie (mir) die Daumen!**: Keep your fingers crossed (for me)! | **(ich) hoffe**: (I) hope | : in good hands | **pubertierend**: pubescent | **Pizzabote**: pizza delivery boy | **Irrtum**: mistake | **Das wurde aber auch Zeit!**: That was about time! | **riesig**: giant | **Pizzaschachtel**: pizza box | **Sechserpack**: six-pack | **Beine**: legs | **Tischplatte** : table top | **Stück**: slice [piece] | **Das macht dann ...**: That will be ... | **übernehmen**: take | **die nächste Runde**: the next round | **geht auf mich**: is on me

 # Übung

1. Wen ruft Dino zur Hilfe?

a) Alfredo

b) Omür

c) Elisabeth

2. Dinos Kollege öffnet den Schrank mit ...

a) zwei Büroklammern

b) einem Schlüssel

c) einer Gabel

3. Dino und Omür ... Profile.

a) erstellen neue

b) löschen alle

c) ändern alle

4. Omür will ... für seine Hilfe.

a) 500 Euro

b) die Hälfte des Bonus

c) die Hälfte von Dinos Gehalt

5. Dino schreibt jetzt Kommentare ...

a) gegen Flüchtlinge und gegen Europa

b) gegen Flüchtlinge und für Deutschland

c) für Flüchtlinge und für Europa

6. Omür hat ... bestellt.

a) eine Pizza und ein Sechserpack Cola

b) Tintenfischringe und ein Sechserpack Bier

c) eine Pizza und ein Sechserpack Bier

7. Wie viel kostet die Bestellung?

a) 52,93 €

b) 25,93 €

c) 25,39 €

8. Omür will, dass Dino ...

a) die Bestellung bezahlt

b) dem Pizzaboten Trinkgeld gibt

c) eine neue Pizza kauft

8. Schnee und Blaulicht

~

Mein **Wecker** klingelte um halb sechs, wie jeden Morgen. Elisabeth lag neben mir und **schlief tief und fest**. Ich **rieb** meine Augen, stand auf und schaute durch das Fenster. Alles war weiß: die Straße, die Häuser, die Autos. Eine frische **Schneedecke** bedeckte die gesamte Stadt.

Ich **duschte** schnell, **zog mich an**, aß eine

Schüssel Cornflakes und nahm meinen Schlüssel. Elisabeth schlief noch immer. Ich schloss die Tür leise hinter mir und ging die Treppenstufen hinunter. Im Erdgeschoss **begegnete** ich Herrn Uhlig. Er öffnete gerade seinen **Briefkasten**.

„Morgen, **Genosse** Dino!", rief er und **zwinkerte mir zu**.

Ich **grüßte zurück**, verließ das Haus und **stapfte** durch den Schnee in Richtung des Bahnhofs.

In der S-Bahn legte ich meinen Kopf an die Fensterscheibe. Omür und ich hatten bis in die frühen Morgenstunden gearbeitet. Wir hatten fast alle Kommentare geschrieben. Es fehlte noch ein halbes Dutzend, aber ich hatte bereits ein paar Ideen. Positive Kommentare für eine positive Welt!

Es war **angenehm** warm in dem Zug. Ich **döste** ein bisschen und **verpasste beinahe** meine **Haltestelle**. Im letzten Moment sprang ich zur Tür. Ein eisiger Wind blies mir ins Gesicht. Ich zog meine **Kapuze** über den Kopf und ging langsam durch das Industriegebiet.

Normalerweise brauchte ich knapp fünf Minuten bis zum Büro, aber an diesem Wintermorgen schien der Weg **unendlich** lang. Als ich endlich die Straße **erreichte**, in der sich das ComTex-Gebäude befand, sah ich **Blaulicht** an einer **Wand**.

Ich ging um eine Ecke und **blieb stehen**. Vor dem Büro parkten drei Polizeiautos. Eine kleine **Menschenmenge** stand vor dem **Eingang**. Zwei Polizisten **blockierte**n die Tür. **Als ich näher kam**, sah ich ein paar meiner Kollegen.

„**Warum lassen Sie uns nicht herein**?!", rief eine Frau. „Wir arbeiten hier!"

Die Polizisten antworteten nicht. Da **spürte** ich eine Hand auf meiner Schulter. Es war Omür.

„Alter Schwede!", sagte er. „Wir warten schon eine halbe Stunde."

„Wieso?", fragte ich. „Was ist passiert?"

„Keine Ahnung", sagte er und zuckte mit den Achseln. „Vielleicht ist jemand **an Langeweile gestorben**."

„Das ist nicht lustig, Omür!", sagte eine Kollegin

aus dem dritten Stock. „Vielleicht ist *wirklich* etwas passiert!"

In dem Moment begannen die Polizisten, in ihre **Funkgeräte** zu sprechen. Die Tür des Gebäudes öffnete sich und wir sahen Herrn Bogdanovic, **flankiert von** zwei weiteren Polizisten.

„Moin Chef!", rief Omür. Aber Herr Bogdanovic starrte nur auf den **Asphalt**.

Die Polizisten führten ihn zu einem **Streifenwagen**, und da sahen wir, dass er **Handschellen** trug.

„Entschuldigung!", sagte ich zu einem **bullig**en Polizisten, der den Eingang **bewachte**. „Das ist unser **Vorgesetzter**!"

Die Polizisten öffneten die Tür des Streifenwagens und Herr Bogdanovic stieg hinein, **ohne sich noch einmal umzudrehen**. Dann verließ der Wagen den ComTex-Parkplatz.

„Hey!", sagte ich **abermals** zu dem bulligen Polizisten. „**Ich rede mit Ihnen**! Sind Sie **taub**?"

„Vorsicht!", **brummte** der Polizist. „Oder wollen

Sie, dass wir Sie auch **mitnehmen**?"

„Aber was ist mit unserer Arbeit?", fragte eine Kollegin.

„Dieses Gebäude ist **bis auf Weiteres** geschlossen", sagte der Polizist. „Wenn Sie ein Problem damit haben, **wenden Sie sich an** die **Staatsanwaltschaft!**"

Die Polizisten **rollten** ein rot-weißes **Absperrband aus**, stiegen in ihre Wagen und **fuhr**en **davon**. Die Menschenmenge **zerstreute sich** langsam.

„**Na toll**", murmelte Omür. „Was für eine **Zeitverschwendung!**"

„Wie meinst du?", sagte ich.

„Na, unsere **Nachtschicht** gestern!", rief Omür. „Den Bonus können wir vergessen."

„Mmh", sagte ich. „Aber warum haben sie Bogdanovic **festgenommen**?"

„Ich weiß nicht", sagte Omür und streckte seine Arme. „Aber **eins ist sicher**: ich geh wieder ins Bett. **Man sieht sich.**"

Ich ging zum Bahnhof und nahm die nächste S-

Bahn in Richtung Seevorstadt-West. Hinter den Fenstern zog die **schneebedeckt**e Stadt vorbei. Ich dachte an Herrn Bogdanovic. Saß er jetzt im **Gefängnis**? Waren Omür und ich vielleicht sogar **mitschuldig**?

Zuhause angekommen öffnete ich die Tür und rief: „Elisabeth?" Aber die Wohnung war leer. Und kalt.

Am Kühlschrank fand ich einen kleinen Zettel mit der Aufschrift: „Dino, die **Heizung** ist kaputt." **Darunter** sah ich einen **traurig**en Smiley.

Ich seufzte, verließ die Wohnung wieder, ging die Treppenstufen herunter und klopfte an die Tür des Vermieters. Herr Uhlig öffnete sofort, lächelte und rief: „Guten Morgen!"

„Entschuldigen Sie bitte, dass ich schon wieder **störe**", sagte ich. „Aber unsere Heizung —"

„Kommen Sie doch **erst einmal** herein!", sagte Herr Uhlig. „Möchten Sie Kaffee? Ich habe gerade eine frische **Kanne** gemacht."

Ich rieb meine Hände und sagte: „Gerne. Warum nicht?"

Wir setzten uns ins Wohnzimmer und tranken **brühend heiß**en Kaffee aus kleinen **Porzellantassen**. **Dazu servierte** Herr Uhlig eine Art weißen **Kuchen** mit **Rosinen**.

„Das ist **Christstollen**", sagte er. „Eine Dresdner **Spezialität**!"

Ich aß ein Stück. Der Kuchen war sehr süß und der Kaffee war sehr bitter —eine gute Kombination.

„Also", sagte mein Vermieter. „Was kann ich für Sie tun? Die Heizung **funktioniert nicht**, sagen Sie?"

Ich nickte und sagte: „Ja, es ist sehr kalt in der Wohnung."

„Kein Problem", sagte Herr Uhlig und nahm sein Telefon in die Hand. „Ich schicke dem Hausmeister eine Nachricht."

„Danke", sagte ich und trank einen Schluck Kaffee: „Wohnt der Hausmeister hier im Haus?"

„Nein", sagte Herr Uhlig und schüttelte den Kopf. „Er wohnt **auf der anderen Straßenseite**. Aber keine Sorge! In zwanzig Minuten ist er hier."

„Ich habe selbst einmal als Hausmeister gearbeitet", sagte ich. „In Hamburg."

„In der Tat?", sagte Herr Uhlig und lächelte. „Und was machen Sie jetzt?"

„Gute Frage", sagte ich. „Bis jetzt hatte ich einen **gut bezahlt**en Bürojob hier in Dresden. Aber heute morgen hat die Polizei meinen Chef festgenommen."

„Wie bitte?", sagte Herr Uhlig und **stellte** seine Tasse **ab**.

Ich erzählte ihm kurz von meiner Arbeit bei ComTex, den Rezensionen, den Kommentaren und Herrn Bogdanovic.

Als ich fertig war, zündete sich mein Vermieter eine Zigarette an und sagte: „Verstehe."

„Ja", sagte ich. „Ich hoffe, ich bekomme jetzt keine Probleme!"

„Wie meinen Sie?", sagte er und blies **Rauch** in die Luft.

„Na ja", sagte ich. „Mein Kollege und ich, wir haben diese Kommentare geschrieben. Ich will nicht ins Gefängnis!"

Herr Uhlig lachte und sagte: „Gefängnis? Sie sind lustig."

„Eigentlich wollte ich kündigen", sagte ich. „Aber dann hat mein Kollege —"

„Entschuldigung!", unterbrach mich Herr Uhlig. „Sie sagen, sie haben Kommentare auf Facebook geschrieben. Über Erdbeeren und Tomaten?"

Ich nickte. Herr Uhlig rief: „Das ist doch nicht **verboten**!"

„Nein", sagte ich. „Aber wir haben Medien manipuliert!"

Herr Uhlig begann laut zu lachen, **verschluckte sich** und begann zu **husten**. Dann wurde er ernst und sagte: „Junger Mann, Sie haben keine Ahnung, was Medienmanipulation bedeutet."

„Wie meinen Sie?", sagte ich und aß ein weiteres Stück Kuchen.

„Ich gebe Ihnen nur ein Beispiel", sagte er. „**Sagt ihnen der Name** *Tschernobyl* **etwas**?"

„Natürlich", sagte ich mit vollem Mund. „Das **Kernkraftwerk**!"

„Einen Monat nach der Katastrophe hat das DDR-Staatsfernsehen einen **Beitrag** darüber **gesendet**", sagte er. „Wissen Sie, was sie uns gesagt haben?"

Ich schüttelte den Kopf und trank einen Schluck Kaffee.

„Sie haben gesagt, die **Bevölkerung** muss sich keine **Sorgen machen**. Auch in Amerika **sei**en **mehrere** Kernkraftwerke **explodiert**, und das sei kein Problem!"

„Wirklich?", sagte ich. „In Amerika auch? Das wusste ich nicht."

„Natürlich nicht!", rief mein Vermieter. „Denn es ist eine **Lüge!**"

„Oh", sagte ich.

„*Das* ist Medienmanipulation!", sagte Herr Uhlig. „Verstehen Sie? **Wen interessieren** ein paar Kommentare im Internet?"

„Das habe ich meiner Freundin auch gesagt", sagte ich. „Aber sie sagt, wir **beeinflussen** die Bevölkerung und machen die Menschen aggressiv!"

Herr Uhlig **machte ein Gesicht** und sagte:

„**Hören Sie zu**! Die **Sozialen Medien** sind **überbewertet**. Wenn ein **dumm**er Mensch ein dummes Buch liest und eine dumme **Tat begeht, wer ist schuld**? Das Buch oder der Mensch?"

„Mmh", sagte ich. „Aber warum hat die Polizei dann meinen Chef festgenommen?"

„Sie haben gesagt, ihre Firma hat ihren Hauptsitz irgendwo in den Seychellen, nicht wahr?"

„Ja", sagte ich und nickte. „Oder Panama oder so etwas —"

„**Haben Sie sich einmal gefragt**, warum?", fragte Herr Uhlig.

„Äh, nein", sagte ich. „Wieso?"

„Ganz einfach", sagte Herr Uhlig. „**Steuer**- und **Geldwäschegesetze**. **Beziehungsweise** die **Abwesenheit** davon."

„Oh!", sagte ich. „Sie glauben, Herr Bogdanovic wurde deshalb festgenommen?"

Mein Vermieter **zog** an seiner Zigarette und sagte: „**Im Zweifelsfall** ist die einfachste Antwort immer die richtige Antwort."

„Mmh", sagte ich. „Das bedeutet, ich bin **unschuldig**?"

Er lächelte und sagte: „Sie haben kein Geld in Panama **gewaschen**, oder?"

„Nein!", sagte ich. „Natürlich nicht!"

„Na also", sagte er. „Machen Sie sich keine Sorgen!"

~

Wecker: alarm [clock] | **schlief tief und fest**: was sound asleep | **rieb**: rubbed | **Schneedecke**: blanket of snow | **duschte**: showered | **(ich) zog mich an**: (I) got dressed | **Schüssel**: bowl | **begegnete**: encountered | **Briefkasten**: postbox | **Genosse**: comrade | **zwinkerte mir zu**: winked at me | **grüßte zurück**: greeted back | **stapfte**: trudged | **angenehm**: pleasantly | **döste**: dozed | **verpasste**: missed | **beinahe**: nearly | **Haltestelle**: stop [station] | **Kapuze**: hood | **normalerweise**: normally | **unendlich**: endless | **erreichte**: reached | **Blaulicht**: blue light | **Wand**: wall | **blieb stehen**: stood still | **Menschenmenge**: crowd | **Eingang**: entrance | **blockierte**: blocked | **Als ich näher kam ...**: When I got closer ... | **Warum lassen Sie uns nicht herein?**: Why don't you let us in? | **spürte**: felt | **an Langeweile gestorben**: died of boredom | **Funkgeräte**: radios | **flankiert von**: flanked by | **Asphalt**: asphalt | **Streifenwagen**: patrol car | **Handschellen**: handcuffs | **bullig**: brawny | **bewachte**: guarded | **Vorgesetzter**: superior [boss] | **ohne sich noch einmal umzudrehen**: without turning around again | **abermals**: once again | **Ich rede mit Ihnen!**: I'm talking to you! [formal] | **taub**: deaf | **brummte**: muttered | **mitnehmen**: take along | **bis auf Weiteres**: until further notice | **Wenden Sie sich an ...**: Turn to ...! | **Staatsanwaltschaft**: department of public prosecution | **rollten aus**: unrolled | **Absperrband**: barrier tape | **fuhr davon**: drove off | **zerstreute sich**: dispersed | **Na toll!**: Well, great! | **Zeitverschwendung**: waste of time | **Nachtschicht**: night shift | **festgenommen**: arrested | **eins ist**

sicher: one thing's for sure | **Man sieht sich.**: Be seeing you. | **schneebedeckt**: Snow-covered | **Gefängnis**: jail | **mitschuldig**: complicit | **Heizung**: heating | **darunter**: under it | **traurig**: sad | **(ich) störe**: (I) bother | **erst einmal**: first of all | **Kanne**: pot | **brühend heiß**: scalding hot | **Porzellantasse**: porcelain cup | **dazu**: alongside it | **servierte**: served | **Kuchen**: cake | **Rosinen**: raisins | **Christstollen**: Christmas stollen [cake] | **Spezialität**: specialty | **funktioniert nicht**: does not work | **auf der anderen Straßenseite**: on the other side of the street | **gut bezahlt**: well-paid | **stellte ab**: put down | **Rauch**: smoke | **verboten**: forbidden | **verschluckte sich**: choked | **husten**: cough | **Sagt ihnen der Name ... etwas?**: Does the name ... mean anything to you? | **Kernkraftwerk**: nuclear power plant | **Beitrag**: segment | **gesendet**: broadcast | **Bevölkerung**: population | **Sorgen machen**: worry | **sei explodiert**: allegedly exploded | **mehrere**: several | **Lüge**: lie | **Wen interessieren ...?**: Who cares about ...? | **beeinflussen**: influence | **machte ein Gesicht**: made a face | **Hören Sie zu!**: Listen up! | **Sozialen Medien**: social media | **überbewertet**: overrated | **dumm**: dumb | **Tat**: offense | **begeht**: commits | **Wer ist schuld?**: Who is to blame? | **Haben Sie sich einmal gefragt, ...?**: Have you ever wondered ...? | **Steuergesetze**: tax laws | **Geldwäschegesetze**: money laundering laws | **beziehungsweise**: or that is to say | **Abwesenheit**: absence | **zog**: dragged | **im Zweifelsfall**: in case of doubt | **unschuldig**: innocent | **gewaschen**: laundered

Übung

1. Wann klingelt Dinos Wecker?

a) um 05:30

b) um 06:30

c) um 18:30

2. Wie ist das Wetter?

a) Es regnet.

b) Es stürmt.

c) Es schneit.

3. Warum steht eine Menschenmenge vor dem Gebäude?

a) Der Schnee blockiert die Tür.

b) Die Tür des Gebäudes ist defekt.

c) Zwei Polizisten blockieren den Eingang.

4. Herr Bogdanovic trägt ...

a) Handschuhe

b) Handschellen

c) Hausschuhe

5. Warum geht Dino zu Herrn Uhlig?

a) Der Boiler ist defekt.

b) Der Fernseher ist defekt.

c) Die Heizung funktioniert nicht.

6. Herr Uhlig gibt Dino ... und Kuchen.

a) Tee

b) Kaffee

c) Kakao

7. Herr Uhlig sagt, Dino hat keine Ahnung, ...

a) was Medien-Manipulation bedeutet

b) was Christstollen ist

c) was ein Kernkraftwerk ist

8. Das DDR-Fernsehen hat ... über Kernkraftwerke gesendet.

a) informative Dokumentarfilme

b) falsche Informationen

c) langweilige Dokumentarfilme

9. Herr Uhlig sagt, die Sozialen Medien sind ...

a) unterbewertet

b) sehr effektiv

c) überbewertet

10. Dinos Vermieter glaubt, dass Herr Bogdanovic wegen ... festgenommen wurde.

a) Geldwäsche

b) Handwäsche

c) Kochwäsche

9. Aushilfe gesucht

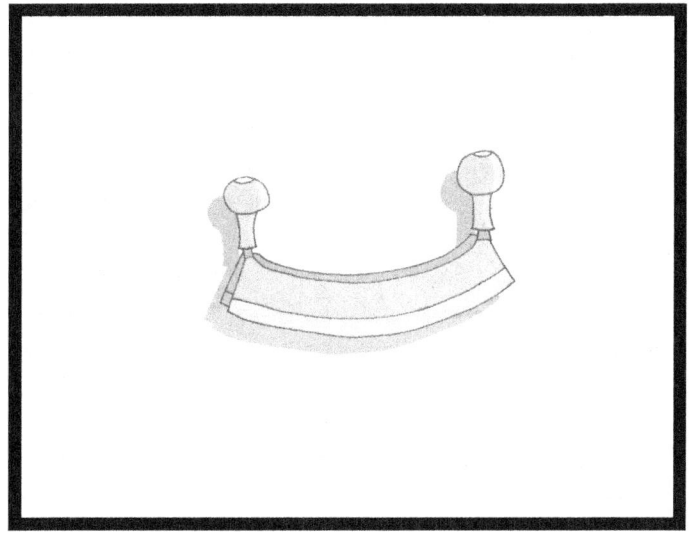

~

Nachdem der Hausmeister die Heizung **repariert hatte**, nahm ich einen Stuhl und setzte mich ans Fenster neben den **Heizkörper.**

Ich trank eine heiße Tasse Kaffee und schaute auf die schneebedeckten **Dächer** der Stadt. **Hier und dort stieg** grauer Rauch aus **Schornstein**en.

Die Wohnung war jetzt angenehm warm. Ich

schloss die Augen und **genoss** die **Wärme**, als plötzlich mein Handy klingelte. Es war Omür.

„Hey!", sagte ich. „Hast du gut geschlafen?"

„Dino!", rief er. „Ich habe einen **Brief** von meiner Bank bekommen."

„Was für einen Brief?", sagte ich und gähnte.

„Mann, ich bin im Minus!", rief er **am anderen Ende der Leitung**. „Ich habe gestern ein neues iPhone und einen Fernseher **gekauft**, weil ich dachte, wir bekommen den Bonus von Herrn Bogdanovic."

„Oh", sagte ich. „Aber vielleicht können wir morgen wieder arbeiten."

„Nein!", sagte er. „Ich habe gerade mit der Polizei telefoniert. Die Firma ist permanent geschlossen. Und **rate mal** warum!"

„Wegen **Steuerbetrug** und Geldwäsche?", sagte ich.

„Was?", rief Omür. „**Woher weißt du das**?"

„**Tja**", sagte ich und lächelte. „Die richtige Antwort ist immer die einfachste."

„**Wie auch immer**", seufzte Omür. „Ich brauche

eine neue Arbeit, Dino! **So schnell wie möglich!**"

„Mmh", sagte ich. „Ich könnte meinen Bruder fragen — oder Moment! Ich habe eine bessere Idee! **Triff mich** in zwanzig Minuten am Bahnhof Neustadt!"

***

Der Inhaber des libanesischen Restaurants **erkannte mich** sofort **wieder**. „Wie geht es Ihrer Freundin?", sagte er.

„Gut, danke", sagte ich. Dann zeigte ich auf das Schild im Fenster und fragte: „Suchen Sie noch immer eine Aushilfe?"

Der Inhaber nickte und ich sagte: „Wunderbar! Das hier ist mein Freund Omür. Er braucht **dringend** Arbeit."

Omür machte ein Gesicht. Der Inhaber schüttelte seine Hand und sagte: „Mein Name ist Khoury, Joseph Khoury. Kommen Sie aus der Türkei?"

„Nein", sagte Omür. „Ich bin Deutsch. Ich bin hier

geboren."

Herr Khoury lächelte und sagte: „Verstehe. Also gut. Haben Sie **Erfahrung** in der **Gastronomie**?"

Omür murmelte: „Ich habe meiner Mutter manchmal in der Küche **geholfen**. Aber das ist alles. Wie viel zahlen Sie?"

„Sechs Euro fünfzig", sagte Herr Khoury.

„Was?", sagte Omür zu mir. „Bei ComTex habe ich zwölf pro Stunde verdient!"

„Meine **Kunden** zahlen gutes **Trinkgeld**", sagte Herr Khoury. „Am Wochenende können Sie bis zu elf Euro pro Stunde machen."

„Ich weiß nicht —", sagte Omür.

„Hast du eine bessere Idee?", fragte ich.

Omür **murrte** und sagte: „Na gut. Ich nehme den Job."

„Wunderbar!", rief Herr Khoury. „Willkommen **an Bord**!"

Er gab Omür eine **Schürze** und zeigte ihm die Küche. Ich setzte mich an die Theke und begann, auf meinem Handy eine Rezension für das Restaurant zu schreiben. Fünf von fünf Sternen. **Nicht mehr und nicht weniger.**

Während Omür in der Küche **Petersilie häckselte**, kam Herr Khoury zu mir und sagte: „Vielen Dank!"

„Nichts zu danken", sagte ich.

„Möchten Sie etwas essen?", fragte Herr Khoury. „Ein **Schawarma** vielleicht?"

„Nein danke", sagte ich.

„Oder *Kibbeh? Sambusak? Mujaddrah?*", fragte er.

„Ich habe keine Ahnung, was das ist", sagte ich und lächelte. „Aber ich bin wirklich nicht **hungrig**. Ich habe heute morgen fast einen ganzen Stollen gegessen."

„Kann ich Ihnen **wenigstens** einen **Tee** geben?", fragte Herr Khoury.

„Na gut", sagte ich. „Warum nicht."

„Sehr gut", sagte er. „Und dazu ein Baklava."

Als er mir eine Tasse **dampfend**en Tee und das **Gebäck** servierte, sagte ich: „Kann ich Sie etwas fragen?"

„**Selbstverständlich**", sagte er und warf einen **Lappen** über seine Schulter.

„**Wohnen Sie schon lange in** Dresden?", fragte ich.

„Seit zwölf Jahren", sagte Herr Khoury. „Meine zwei jüngsten **Töchter** sind hier geboren."

„Wow", sagte ich. „Das ist eine lange Zeit. Dann haben Sie **bestimmt** die Montagsdemos und die ,besorgten Bürger' **kennengelernt**."

Herr Khoury machte eine Handbewegung und sagte: „Wenn ich in der S-Bahn sitze, **starren** die Leute **mich an**. **Auch wenn** sie nichts sagen, weiß ich, was sie denken. Und seit der **Flüchtlingskrise** ist alles **noch viel schwieriger**."

„Aber **haben Sie keine Angst**?", fragte ich.

Herr Khoury lächelte und sagte: „Es ist kompliziert. Viele Deutsche haben Angst vor der **sogenannt**en *Islamisierung*, **nicht nur** hier in Ostdeutschland. Aber meine Frau und ich, wir sind **Christen**, wissen Sie?"

In dem Moment hörten wir einen **Schrei** aus der

Küche. Herr Khoury **sprang auf**. Da öffnete sich die Küchentür und Omür trat heraus. „Äh, haben Sie ein **Pflaster**?", fragte er.

Herr Khoury eilte zu einem **Erste-Hilfe-Kasten** an der Wand.

„Was hast du gemacht?", rief ich.

Omür zuckte mit den Achseln und sagte: „**Ich habe mich geschnitten**." Er **streckte** einen **bluten-**den Finger **in die Luft**.

Herr Khoury nahm ein Stück **Watte** und **wischte** das **Blut ab**. Dann **wickelte** er ein Pflaster um den Finger und sagte lächelnd: „**So gut wie neu**."

„Danke", sagte Omür und **drehte sich um**.

„Wo gehen Sie hin?", fragte Herr Khoury.

„In die Küche?", sagte Omür. „Ich war noch nicht fertig."

Herr Khoury schüttelte den Kopf und sagte: „Setzen Sie sich erst einmal. Möchten Sie einen Tee?"

„Aber die Petersilie —", begann Omür.

Herr Khoury machte eine Handbewegung und servierte Omür Tee und Baklava. Omür **biss in** das

Gebäck und sagte: „Mmh! Wie bei meiner **Oma** früher."

„Ihre deutsche **Großmutter** hat Baklava **gebacken**?", fragte Herr Khoury und grinste. „Interessant."

„Was?" Omür seufzte und sagte: „Nein. Sie war türkisch."

„*Merhaba*", sagte Herr Khoury und lächelte.

Omür nippte an seinem Tee und sagte: „Sie sprechen Türkisch?"

„Nur ein bisschen", sagte Herr Khoury. „Ich habe **entfernte Verwandte** in **Südostanatolien**."

„Wirklich?", rief Omür. „Wo genau?"

„*Şanlıurfa*", sagte Herr Khoury. „Kennen Sie die Stadt?"

„Ich glaube es nicht!", rief Omür. „Mein Vater und meine Oma sind in einem **Vorort** von *Urfa* geboren, Herr Khoury!"

„**Nennen Sie mich** Joseph!", sagte er und lächelte. „Aber ja. **Die Welt ist klein**."

~

Nachdem ... repariert hatte, ...: After having repaired ..., |
Heizkörper: radiator | **Dächer**: roofs | **hier und dort**: here and
there | **stieg**: rose | **Schornsteine**: chimneys | **genoss**: enjoyed |
Wärme: warmth | **Brief**: letter | **am anderen Ende der
Leitung**: at the other end of the line | **gekauft**: bought | **Rate
mal!**: Guess what! | **Steuerbetrug**: tax fraud | **Woher weißt du
das?**: How do you know that? | **Tja!**: Oh well! | **wie auch
immer**: whatever | **so schnell wie möglich**: as soon as
possible | **Triff mich ...!**: Meet me ...! | **erkannte mich wieder**:
recognized me | **dringend**: urgently | **Erfahrung**: experience |
Gastronomie: gastronomy | **geholfen**: helped | **Kunden**:
customers | **Trinkgeld**: tip | **murrte**: grumbled | **an Bord**:
aboard | **Schürze**: apron | **nicht mehr und nicht weniger**: no
more and no less | **Petersilie**: parsley | **häckselte**: chopped |
Schawarma: Shawarma | **hungrig**: hungry | **wenigstens**: at
least | **Tee**: tea | **dampfend**: steaming | **Gebäck**: pastry |
selbstverständlich: naturally | **Lappen**: rag | **Wohnen Sie
schon lange in ...?**: Have you been living in ... for a long time?
| **Töchter**: daughters | **bestimmt**: surely | **kennengelernt**: got
to know | **starren mich an**: are staring at me | **auch wenn**:
even if | **Flüchtlingskrise**: refugee crisis | **noch viel
schwieriger**: even more difficult | **Haben Sie keine Angst?**:
Aren't you afraid? | **sogenannt**: so-called | **nicht nur**: not only |
Christen: Christians | **Schrei**: scream | **sprang auf**: jumped up |
Pflaster: plaster | **Erste-Hilfe-Kasten**: first aid kit | **Ich habe
mich geschnitten.**: I cut myself. | **streckte ... in die Luft**:

lifted .. into the air | **blutend**: bleeding | **Watte**: cotton wool | **wischte ab**: wiped off | **Blut**: lifeblood | **wickelte um**: wrapped around | **so gut wie neu**: as good as new | **drehte sich um**: turned around | **biss in**: bit into | **Oma**: granny | **Großmutter**: grandmother | **gebacken**: baked | **entfernt**: distant | **Verwandte**: relatives | **Südostanatolien**: South East Anatolia | **Vorort**: suburb | **Nennen Sie mich ...!**: Call me ...! | **Die Welt ist klein.**: It's a small world.

 **Übung**

1. Dino bekommt einen Anruf von ...

a) Alfredo

b) Elisabeth

c) Omür

2. Sein Kollege sagt, dass er einen Brief von ... bekommen hat.

a) der Polizei

b) seiner Bank

c) der Staatsanwaltschaft

3. Was hat Omür gekauft?

a) ein neues iPhone und einen Boiler

b) ein neues Auto und einen Fernseher

c) ein neues iPhone und einen Fernseher

4. Omür braucht dringend ...

a) Bier

b) Geld

c) Schlaf

5. Wohin bringt Dino Omür?

a) zu dem libanesischen Restaurant

b) zu dem koreanischen Restaurant

c) zu Elisabeths Universität

6. Wie viel zahlt Herr Khoury pro Stunde?

a) 6,50 €

b) 5,60 €

c) 6,55 €

7. Herr Khoury wohnt seit … in Dresden.

a) 2 Monaten

b) 2 Jahren

c) 12 Jahren

8. Zu welcher Religion gehören Herr Khoury und seine Frau?

a) Christentum

b) Judentum

c) Islam

9. Warum eilt Herr Khoury zum Erste-Hilfe-Kasten?

a) Omür hat sich in den Arm geschnitten.

b) Dino hat sich in den Finger geschnitten.

c) Omür hat sich in den Finger geschnitten.

10. Omür findet heraus, dass Herr Khoury ... hat.

a) Verwandte in der Türkei

b) Verwandte im Libanon

c) Freunde in der Türkei

10. Bratfett und Beton

~

In den **folgend**en Tagen **verbrachte** ich viel Zeit allein zu Hause. Manchmal **besuchte** ich Herrn Uhlig und er erzählte mir von der DDR, wo „nicht alles schlecht war". Ich versuchte **mehrmals**, Alfredo zu **erreichen**, aber er antwortete nicht. Und Elisabeth war sehr beschäftigt mit ihrem Studium.

Also machte ich Spaziergänge durch den

verschneiten Großen Garten, besuchte ein paar Museen, die Frauenkirche und das Residenzschloss. Ich lernte über die **Geschichte** Dresdens, die **Luftangriffe** im Zweiten **Weltkrieg** und sah viele alte **Skulpturen** und **Gemälde**.

Mitte Dezember hatte Elisabeth endlich **Weihnachtsferien. Eines Abends** gingen wir zusammen über den Striezelmarkt, einer der ältesten **Weihnachtsmärkte** der Welt. Es war sehr **voll**. Touristen aus aller Welt **drängten sich** an den kleinen **Holzbuden**, kauften **überteuerte Kerzen, Strickwaren, Holzspielzeug** und aßen Bratwurst und **Reibekuchen, als gäbe es kein Morgen**.

In der Mitte des Markts **ragte** ein **riesig**er Weihnachtsbaum **in die Höhe**. Tausend kleine Lichter **leuchtete**n an den grünen **Zweige**n. Aus **Lautsprechern dröhnte**n alte **Lieder** von Bing Crosby und Frank Sinatra.

„Weihnachtsmärkte sind so romantisch, findest du nicht?", sagte Elisabeth und **umklammerte** ein Glas Glühwein mit ihren **Handschuhen**. Wir standen an einem kleinen **Stehtisch** neben einer **Würstchen-bude**. Es roch nach **Bratfett**.

„Ja —", sagte ich und **beobachtete**, wie ein kleiner **Dackel** einen Rest Bratwurst unter einem Tisch fraß. „Oder es ist einfach nur der **Glühwein**."

„Sehr lustig", sagte sie. „Aber **du musst zugeben**, es ist eine sehr spezielle **Atmosphäre**! Es ist alles so —weihnachtlich!"

„Apropos Atmosphäre", sagte ich und **tauchte** ein Stück Reibekuchen in **Apfelmus**. „Hast du diese **Betonblöcke** am Eingang gesehen?"

„Was?", sagte Elisabeth. „Du meinst diese **Block-ade**n?"

Ich nickte und sagte: „Herr Uhlig hat mir erzählt, dass seit dem **Terrorangriff** auf den Berliner Weihnachtsmarkt jetzt alle Märkte **solche** Betonblöcke haben!"

„**Gut so**", sagte Elisabeth und trank einen Schluck Glühwein. „**Zu unserer eigenen Sicherheit**."

„Mmh", sagte ich und **kaute**. „Wahrscheinlich hast du Recht."

„Wie geht es eigentlich deinem Kollegen Omür?",
fragte sie nach einer Weile. „Arbeitet er noch bei dem
Libanesen?"

„Oh", sagte ich und **wärmte** meine Hände an dem
Glas Glühwein. „Ich glaube, es geht ihm sehr gut.
Gestern war er auf der **Hochzeit** von Herrn Khourys
Nichte. Er hat mir Fotos **geschickt**." Ich zeigte Elisa-
beth mein Handy. „Und morgen gehen sie alle
zusammen ins Kino. Die Khourys haben ihn **regel-
recht adoptiert**."

„Wie bitte?", sagte sie. „Ist das der gleiche Omür,
der Flüchtlinge **hasst** und zu Montagsdemos geht?"

Ich lächelte und sagte: „**Frag mich etwas
Leichteres**!"

„Wir leben in **verrückt**en Zeiten", sagte Elisabeth.
„Manchmal glaube ich, ein Großteil der Menschheit
ist einfach nur **verwirrt**."

„Wie meinst du?", sagte ich und **inhalierte** den
Dampf des Glühweins.

„Na ja", begann sie. „Die **Globalisierung** macht
die Menschen verrückt! **Einerseits** wollen die Leute

nach Marokko **reisen** und in pakistanischen Restaurants essen, aber **andererseits** wollen sie nicht, dass Marokkaner und Pakistanis in ihrer **Nachbarschaft wohnen**."

„Mmh", sagte ich. Aus den Lautsprechern **plärrte** gerade „All I want for Christmas Is You" von Mariah Carey. „Herr Uhlig sagt, die Globalisierung zerstört **Arbeitsplätze** und —"

Da vibrierte mein Telefon. Ich schaute auf den Bildschirm.

„Neue Nachricht?", sagte Elisabeth.

„Von Alfredo!", sagte ich und **entsperrte** das Handy. „Er hat mir ein Foto geschickt."

„Oh!", sagte sie und lächelte. „Wie geht es ihm?"

Ich starrte auf den Bildschirm.

„Dino?", sagte Elisabeth. „**Alles in Ordnung**?"

„Elisabeth!", rief ich. „Ich bin jetzt Onkel!"

„Was?", sagte sie und stellte ihren Glühwein ab. „Ist das Baby schon geboren?"

„Anscheinend", sagte ich und gab ihr das Handy. „Oh, wie **süß**!", rief sie. Das Foto zeigte Loretta **mit**

einem Neugeborenen auf dem Arm. Sie schien **erschöpft**, aber ihr Gesicht **strahlte**. „Wie heißt der Kleine?"

„Es ist eine sie", sagte ich. „Antonia-Maria!"

„Masel tov!", sagte Elisabeth und hob ihr Glas. Wir **stieß**en **an** und tranken. Ich spürte den Glühwein in meinem Kopf. Aus den Lautsprechern dröhnte „Last Christmas" von Wham.

„Weißt du was?", sagte ich und lächelte.

„Was?", sagte Elisabeth.

„Es ist wirklich ganz romantisch hier", sagte ich.

Sie lachte und sagte: „Bist du sicher, dass es nicht nur der Wein ist?"

„Nein", sagte ich und **umarmte sie**. „Aber was macht das für einen Unterschied? **Frohe Weihnachten!**"

~

folgend: following | **verbrachte**: spent | **besuchte**: visited | **mehrmals**: several times | **erreichen**: reach (by telephone) | **verschneit**: snow-covered | **Geschichte**: history | **Luftangriffe**: air raids | **Weltkrieg**: world war | **Skulpturen**: sculptures | **Gemälde**: painting | **Mitte Dezember**: mid December | **Weihnachtsferien**: Christmas holidays | **eines abends**: one evening | **Weihnachtsmärkte**: Christmas markets | **voll**: full [crowded] | **drängten sich**: crowded around | **Holzbude**: wooden shack | **überteuert**: overpriced | **Kerzen**: candles | **Strickwaren**: knitwear | **Holzspielzeug**: wooden toys | **Reibekuchen**: potato fritter | **als gäbe es kein Morgen**: as if there were no tomorrow | **ragte in die Höhe**: loomed into the air | **riesig**: giant | **leuchtete**: glowed | **Zweige**: twigs | **Lautsprecher**: loudspeaker | **dröhnte**: blast out | **Lieder**: songs | **umklammerte**: clasped | **Handschuhen**: gloves | **Stehtisch**: high table | **Würstchenbude**: sausage stall | **Bratfett**: frying fat | **beobachtete**: observed | **Dackel**: dachshund | **Glühwein**: mulled wine | **du musst zugeben**: you have to admit | **Atmosphäre**: atmosphere | **tauchte**: dipped | **Apfelmus**: applesauce | **Betonblöcke**: concrete blocks | **Blockade**: blockade | **Terrorangriff**: terrorist attack | **solche**: such | **Gut so!**: That's a good thing! | **zu unserer eigenen Sicherheit**: for our own safety | **kaute**: chewed | **wärmte**: warmed | **Hochzeit**: wedding | **Nichte**: niece | **geschickt**: sent | **regelrecht**: downright | **adoptiert**: adopted | **hasst**: hates | **Frag mich etwas Leichteres!**: Ask me something easier! | **verrückt**: crazy

| **verwirrt**: confused | **inhalierte**: inhaled | **Globalisierung**: globalization | **einerseits**: on the one hand | **reisen**: travel | **andererseits**: on the other hand | **Nachbarschaft**: neighborhood | **wohnen**: dwell [live] | **plärrte**: blared | **Arbeitsplätze**: jobs | **entsperrte**: unlocked | **Alles in Ordnung?**: Everything alright? | **süß**: cute | **mit einem Neugeborenen**: with a newborn baby | **erschöpft**: exhausted | **strahlte**: radiated | **stieß an**: clinked glasses | **umarmte sie**: embraced her | **Frohe Weihnachten!**: Merry Christmas!

 **Übung**

1. Was macht Dino mit seiner freien Zeit?

a) Er geht ins Kino und besucht Museen.

b) Er schreibt Rezensionen und kocht Essen.

c) Er geht spazieren und besucht Museen.

2. Wann hat Elisabeth Weihnachtsferien?

a) Anfang Dezember

b) Mitte Dezember

c) Ende Dezember

3. Der *Striezelmarkt* ist ein ...

a) Supermarkt

b) Weihnachtsmarkt

c) Wochenmarkt

4. Was kann man auf dem Striezelmarkt *nicht* kaufen?

a) Lautsprecher

b) Strickwaren

c) Reibekuchen

5. Elisabeth und Dino trinken ...

a) Bier

b) Kaffee

c) Glühwein

6. Wie ist die Beziehung zwischen Omür und Familie Khoury?

a) sehr gut

b) in Ordnung

c) sehr schlecht

7. Dino bekommt eine Nachricht von ...

a) Omür

b) Alfredo

c) Elisabeth

8. Antonia-Maria ist Dinos ...

a) Neffe

b) Nichte

c) Tochter

Answer Key/Lösungen

1. b, c, b, a, b, b, c, a, c, c, a, b, b, c

2. b, a, b, b, c, c, a, a, c, c, b, c

3. c, a, b, b, c, c, b, a, c, b

4. b, a, c, b, b, c, c, b, b, b, c, c

5. c, b, c, c, b, c, b, a, c, c, b, c

6. b, c, c, a, c, a, c, b, a

7. b, a, a, b, c, c, b, a

8. a, c, c, b, c, b, a, b, c, a

9. c, b, c, b, a, a, c, a, c, a

10. c, b, b, a, c, a, b, b

Bonus Materials

For further study and vocabulary practice we provide the following free bonus materials:

Flashcard Sets & Word Lists

- study and reinforce vocabulary
- practice on your phone, tablet or desktop
- print and cut your own flashcards
- export handy word lists for each chapter
- download flashcards in ANKI format

To access these bonus materials visit:

learnoutlive.com/dld9

* * *

Ready For Your Next German Learning Adventure With Dino?

Digital in Dresden is the ninth episode of a whole series of exciting German short stories for beginners. Follow our protagonist to Frankfurt, Cologne, Munich, Zurich, Vienna and many other cities! Before you know it, you'll have travelled half of Europe and picked up more German than years' worth of expensive courses.

1. Café in Berlin
2. Ferien in Frankfurt
3. Karneval in Köln
4. Momente in München
5. Ahoi aus Hamburg
6. Plötzlich in Palermo
7. Walzer in Wien
8. Zurück in Zürich
9. Digital in Dresden
10. Schlamassel in Stuttgart
11. Lockdown in Liechtenstein

All books are available on Amazon, Kindle, Apple Books, Kobo, Barnes & Noble, Book Depository or as direct downloads from books.learnoutlive.com

Get Free News & Updates

Visit the link below to sign up for free updates about new and upcoming books, discounts, German learning tactics, tools, tips and much more.

learnoutlive.com/german-newsletter

———

We're also on Facebook and Twitter:

Search for „learnoutlive german books"

About the Author

 **André Klein** was born in Germany, grew up in Sweden and Thailand and currently lives in Israel. He has been teaching languages for more than 15 years and is the author of various short stories, picture books and non-fiction works in English and German.

Website: andreklein.net

Twitter: twitter.com/barrencode

Blog: learnoutlive.com/blog

Acknowledgements

Special thanks to Stéphane Lakits, Deborah Hanson, Ian Cooper, Eti Shani, Amanda Jost and Mary Erhard.

This book is an independent production. Did you find any typos or broken links? Send an email to the author at andre@learnoutlive.com and if your suggestion makes it into the next edition, your name will be mentioned here.

You Might Also Like ...

Experience the Dino lernt Deutsch series on your stereo or headphones, at home or on the go. Narrated by the author with special emphasis on comprehension practice and pronunciation, these audiobooks are designed for an immersive experience.

available on Audible, Apple Books and as MP3
more info: books.learnoutlive.com/audio

This collector's edition comprises all five episodes of the popular "Baumgartner & Momsen" crime and mystery series for intermediate and advanced German learners: "Mord am Morgen", "Die Dritte Hand", "Des Spielers Tod", "Zum Bärenhaus" and "Heidis Frühstück".

available as paperback and ebook

Learn German with stories and pictures:

BERT

DAS BUCH

or: How the books learned to love the future

André Klein

Follow Bert the book and help him unravel the mystery of the life-threatening "reading machine". What does it want? Where does it come from? And will he be able to protect his friends from its hungry jaws? Learn German with this picture book for the young and young at heart.

available as paperback and ebook

LEARN GERMAN
WITH STORIES:

COMPLETE EDITION

ASCHKALON

THE INTERACTIVE
FANTASY ADVENTURE
FOR GERMAN LEARNERS

This interactive adventure ebook for German learners puts you, the reader, at the heart of the action. Boost your grammar by engaging in sword fights, improve your conversation skills by interacting with interesting people and enhance your vocabulary while exploring forests and dungeons.

available as ebook edition

Thank you for supporting independent publishing.

learnoutlive.com

Printed in Great Britain
by Amazon